O filho do terrorista

O filho do terrorista
A história de uma escolha

ZAK EBRAHIM
com **JEFF GILES**

tradução de
RENATO MARQUES DE OLIVEIRA

Editora ALAÚDE

Copyright © 2014 Zak Ebrahim
Copyright da tradução em português © 2015 Alaúde Editorial Ltda.

Título original: *The Terrorist's Son – A Story of Choice*
Publicado mediante acordo com a editora original, Simon & Schuster, Inc.
TED, o logo TED e TED Books são marcas da TED Conferences, LLC.

Todos os direitos reservados. Nenhuma parte desta edição pode ser utilizada ou reproduzida – em qualquer meio ou forma, seja mecânico ou eletrônico –, nem apropriada ou estocada em sistema de banco de dados sem a expressa autorização da editora.

O texto deste livro foi fixado conforme o acordo ortográfico vigente no Brasil desde 1º de janeiro de 2009.

PREPARAÇÃO: Francisco José M. Couto
REVISÃO: Claudia Gomes e Olivia Yumi Duarte
CAPA: Chip Kidd
ADAPTAÇÃO DE CAPA: Rodrigo Frazão
PROJETO GRÁFICO: MGMT
IMPRESSÃO E ACABAMENTO: IPSIS GRÁFICA E EDITORA S/A

1ª edição, 2015
Impresso no Brasil

Dados Internacionais de Catalogação na Publicação (CIP)
(Câmara Brasileira do Livro, SP, Brasil)

Ebrahim, Zak
  O filho do terrorista: a história de uma escolha / Zak Ebrahim com Jeff Giles; [tradução de Renato Marques de Oliveira]. - São Paulo: Alaúde Editorial, 2015. - (Coleção Ted Books)

  Título original: The terrorist's son: a story of choice.
  ISBN 978-85-7881-306-2

  Histórias de vida 2. Ebrahim, Zak, 1983 - Família 3. Ebrahim, Zak, 1983 - Político e social 4. Terrorismo - Aspectos psicológicos 5. Terrorismo - História I. Giles, Jeff. II. Título. III. Série.

15-05780 CDD-303.62509

Índices para catálogo sistemático:
1. Terrorismo : História : Sociologia 303.62509

2015
Alaúde Editorial Ltda.
Avenida Paulista, 1337,
conjunto 11, Bela Vista
São Paulo, SP, 01311-200
Tel.: (11) 5572-9474
www.alaude.com.br

Compartilhe a sua opinião sobre este livro usando as hashtags
#OFilhoDoTerrorista
#TedBooksAlaude
nas nossas redes sociais:

/EditoraAlaude
/EditoraAlaude
/AlaudeEditora

Um homem não é senão o produto de seus pensamentos.
Aquilo que ele pensa, ele se torna.
—Gandhi

SUMÁRIO

CAPÍTULO 1	5 de novembro de 1990. Cliffside Park, Nova Jersey	11
CAPÍTULO 2	Dias atuais	24
CAPÍTULO 3	1981. Pittsburgh, Pensilvânia	30
CAPÍTULO 4	1986. Jersey City, Nova Jersey	43
CAPÍTULO 5	Janeiro de 1991. Penitenciária de Rikers Island, Nova York	56
CAPÍTULO 6	21 de dezembro de 1991. Suprema Corte de Nova York, Manhattan	67
CAPÍTULO 7	26 de fevereiro de 1993. Jersey City, Nova Jersey	75
CAPÍTULO 8	Abril de 1996. Memphis, Tennessee	84
CAPÍTULO 9	Dezembro de 1998. Alexandria, Egito	96
CAPÍTULO 10	Julho de 1999. Filadélfia, Pensilvânia	101
CAPÍTULO 11	Epílogo	115

O filho do terrorista

1
5 de novembro de 1990
Cliffside Park, Nova Jersey

A minha mãe me acorda aos chacoalhões na minha cama.

— Aconteceu um acidente — ela diz.

Tenho 7 anos de idade. Sou um menino gorducho de pijama das tartarugas ninjas. Estou acostumado a ser acordado antes mesmo de o dia raiar, mas somente pelo meu pai, e somente para orar ajoelhado sobre o meu tapetinho de minaretes. Nunca pela minha mãe.

São onze da noite. Meu pai não está em casa. Nos últimos tempos ele vem passando cada vez mais horas e horas a fio, noite adentro, na mesquita de Jersey City. Mas para mim ele ainda é o Baba — engraçado, amoroso, afetuoso. Nesta mesma manhã ele havia tentado, mais uma vez, me ensinar a amarrar os tênis. Será que ele se envolveu em algum acidente? Que *tipo* de acidente? Estará machucado? *Morreu?* Não consigo articular as perguntas porque tenho medo demais das respostas.

Minha mãe abre um lençol branco — por um breve instante, o tecido se avoluma feito um cogumelo, como uma nuvem —, depois cai e se esparrama pelo chão.

— Olhe nos meus olhos, Z — ela diz, com o rosto tão retorcido por inúmeros nós de preocupação que mal a reconheço. — Você precisa se vestir o mais rápido que puder. E depois precisa colocar as suas coisas dentro deste lençol, embrulhar e amarrar bem firme. Tudo bem? A sua irmã vai ajudar você.

Ela caminha na direção da porta.

— *Yulla*, Z, *yulla*. Vamos.

— Espere — eu digo. É a primeira palavra que consigo pronunciar desde que saí de baixo da minha colcha do He-Man. — O que devo colocar no lençol? Que... *coisas*?

Sou um bom menino. Tímido. Obediente. Quero fazer exatamente o que a minha mãe me pediu.

Ela se detém e olha para mim.

— Tudo que couber — diz. — Não sei se a gente vai voltar.

Gira sobre os calcanhares, e desaparece.

Assim que terminamos de arrumar as nossas coisas, minha irmã, meu irmão e eu descemos a passos surdos para a sala de estar. A minha mãe tinha ligado para o primo do meu pai que vive no Brooklyn — nós o chamamos de tio Ibrahim, ou simplesmente Ammu — e agora está tendo uma acalorada discussão com ele. O rosto dela está afogueado. Ela está apertando com força o telefone na mão esquerda e, com a direita, ajeita nervosamente seu *hijab*, o seu véu, no ponto em que se afrouxou em volta da orelha. Ao fundo, a tevê está ligada. Notícias de última hora. "Interrompemos a programação." A minha mãe nos flagra assistindo e corre para desligar.

Ela fala com Ammu Ibrahim por mais algum tempo, de costas para nós. Assim que ela desliga, o telefone volta a tocar. É um som dissonante no meio da noite: barulhento demais, e parece que *sabe* de alguma coisa.

A minha mãe atende. É um dos amigos do Baba da mesquita, um taxista chamado Mahmoud. Todo mundo o chama de Vermelho por causa dos cabelos dele. Vermelho parece desesperado para localizar e falar com o meu pai.

— Ele não está aqui — diz a minha mãe, que por um momento ouve atentamente.

— Tudo bem — ela diz, e desliga.

O telefone toca de novo. Aquele ruído terrível. Desta vez, não faço ideia de quem está ligando. A minha mãe diz:

— É mesmo? Fazendo perguntas sobre nós? A polícia?

Um pouco mais tarde, acordo em cima de um cobertor, no chão da sala de estar. De alguma maneira, em meio ao caos, peguei no sono. Tudo que a gente foi capaz de carregar — e mais ainda — está empilhado junto à porta, ameaçando desabar a qualquer segundo. A minha mãe está zanzando de um lado para o outro, conferindo e reconferindo de novo a sua bolsa. Está munida de todas as nossas certidões de nascimento, a prova — para o caso de alguém exigir — de que é de fato a nossa mãe. O meu pai, El-Sayyid Nosair, nasceu no Egito. Mas a minha mãe nasceu em Pittsburgh. Antes de recitar a *shahada*[1] numa mesquita local e se converter ao islamismo — antes de adotar o nome Khadija Nosair —, ela atendia por Karen Mills.

---

1. "Testemunho", em árabe. É a profissão da fé islâmica e o primeiro dos Cinco Pilares do islã. O credo serve para testemunhar duas coisas: não há outro Deus senão Alá, e Maomé é o seu profeta. (Esta e todas as demais notas deste livro são do tradutor.)

— O seu tio Ibrahim está vindo buscar a gente — ela diz, quando me vê sentando direito e esfregando os olhos. Agora a preocupação em sua voz está matizada de impaciência. — Se é que ele vai chegar aqui algum dia.

Não pergunto para onde estamos indo, e ninguém me diz. Apenas esperamos. E esperamos muito mais tempo do que Ammu deveria demorar para vir de carro do Brooklyn até Nova Jersey. E quanto mais tempo esperamos, mais rápido a minha mãe anda de um lado para o outro e mais eu sinto que algo dentro do meu peito vai arrebentar. A minha irmã me abraça. Tento ser corajoso. Ponho um dos braços em volta do ombro do meu irmão.

— *Ya Allah!*, Ó Deus! — exclama minha mãe. — Isso está me deixando louca.

Meneio a cabeça em sinal de que estou entendendo.

• • •

Eis o que a minha mãe não está dizendo: Meir Kahane, um rabino militante e fundador da Liga de Defesa Judaica, foi morto a tiros por um atirador árabe após uma palestra no salão de baile de um hotel da rede Marriott na cidade de Nova York. O atirador se evadiu da cena do crime, e na fuga acabou baleando na perna um senhor idoso. Correu para dentro de um táxi que o aguardava defronte ao hotel, mas depois saiu de novo e se precipitou rua abaixo, de arma em punho. Um agente de segurança do correio, que por acaso passava pelo local, trocou tiros com ele. O atirador desabou na rua. Os jornalistas não conseguiram deixar de apontar para um horrível detalhe: tanto o rabino Kahane como o assassino tinham sido alvejados no pescoço. Ao que tudo indicava, nenhum dos dois tinha chances de sobreviver.

Agora os canais de tevê estão atualizando constantemente as notícias sobre o episódio. Uma hora atrás, enquanto a minha irmã, meu irmão e eu passávamos dormindo os últimos segundos que nos restavam de qualquer coisa remotamente parecida com a nossa infância, a minha mãe entreouviu o nome Meir Kahane e olhou para a tela. A primeira coisa que ela viu foi uma filmagem do atirador árabe, e seu coração quase parou de bater: era o meu pai.

• • •

Já é uma da manhã quando o tio Ibrahim estaciona na frente do nosso apartamento. O motivo de sua demora é o fato de ter esperado que sua mulher e seus filhos se aprontassem. Ele insistiu que sua família o acompanhasse porque, como muçulmano devoto, não poderia correr o risco de se ver sozinho num carro com uma mulher com quem não era casado — em outras palavras, a minha mãe. Já há cinco pessoas no carro. E mais quatro de nós tentando dar um jeito de se enfiar na marra dentro do automóvel. Sinto a raiva da minha mãe aumentando de intensidade: ela é tão devota quanto meu tio, mas de qualquer forma os filhos *dela* estariam no carro junto com os dois, então qual era o sentido de perder todo aquele tempo?

Logo o carro em que estamos atravessa um túnel, as pálidas luzes fluorescentes zunem velozes sobre as nossas cabeças. O carro está desvairadamente apinhado. Somos um gigantesco nó de braços e pernas. A minha mãe precisa ir ao banheiro. O tio Ibrahim pergunta se ela quer que a gente faça uma parada em algum lugar. Ela balança a cabeça e diz:

— Vamos levar as crianças para o Brooklyn e depois seguimos para o hospital. Tudo bem? O mais rápido que a gente puder. *Yulla*.

É a primeira vez que alguém usou a palavra "hospital". Meu pai está no hospital. Porque sofreu um *acidente*. Isso significa que ele está ferido, mas também significa que não está morto. As peças do quebra-cabeça começam a se encaixar com um clique na minha cabeça.

Quando chegamos ao Brooklyn — Ammu Ibrahim mora num enorme prédio de apartamentos de tijolos à vista perto do Prospect Park —, nós nove descemos rolando do carro feito uma pelota emaranhada. No saguão, o elevador demora uma eternidade para chegar, por isso a minha mãe, desesperada para usar o banheiro, agarra a minha mão e me leva chispando na direção da escada.

Ela sobe os degraus de dois em dois. Tenho de pelejar para acompanhá-la. Vejo o segundo andar passar por nós como um borrão, depois o terceiro. O apartamento de Ammu fica no quarto. Chegamos ofegantes ao corredor dele. Estamos extasiados — fomos mais rápidos que o elevador! E então vemos três homens parados diante da porta do apartamento do meu tio. Dois deles estão vestindo ternos escuros e andam devagar na nossa direção, mostrando suas credenciais. O outro é um policial, e está segurando sua arma no coldre. A minha mãe caminha na direção deles e diz:

— Preciso ir ao banheiro. Falo com os senhores assim que terminar.

Os homens parecem confusos, mas a autorizam a ir. Somente quando ela tenta me levar junto para o banheiro é que um dos engravatados ergue no ar a palma da mão, como um guarda de trânsito.

— O menino tem de ficar com a gente — ele diz.

— Ele é meu filho — ela diz. — E vem comigo.

— Não podemos permitir isso — diz o outro homem de terno escuro.

A minha mãe fica perplexa, mas somente por um momento.

— O senhor acha que vou me machucar lá dentro? Acha que vou machucar meu *próprio filho*?

O primeiro homem olha para ela com o semblante vazio.

— O menino fica com a gente — ele diz. — Depois olha para mim com uma precária tentativa de sorriso. — Você deve ser — ele verifica sua caderneta — Abdulaziz?

Aterrorizado, começo a fazer que sim com a cabeça, e não consigo parar.

— Z — eu digo.

Agora a família de Ibrahim chega à porta do apartamento e rompe o silêncio constrangedor. A mulher dele arrebanha todas as crianças, leva-as para o único quarto do apartamento e ordena que durmam. Somos seis crianças. Há um pitoresco manancial de beliches montados e embutidos na parede, como algo que se vê no Playplace, o espaço reservado para as brincadeiras de crianças na lanchonete McDonald's. Nós nos deitamos em cada fenda disponível, nos retorcendo como minhocas, enquanto a minha mãe conversa com a polícia na sala de estar. Eu faço força para ouvir através da parede. Tudo que consigo escutar são resmungos e móveis arranhando o chão.

• • •

Na sala de estar, os homens de terno escuro fazem tantas perguntas que é como se a minha mãe tivesse sido surpreendida por uma tempestade de granizo. De duas das perguntas, ela vai se lembrar mais do que de todas as outras: "Qual é seu atual endereço residencial?" e "A senhora sabia que o seu marido ia atirar no rabino Kahane hoje à noite?"

A resposta da primeira pergunta é mais complicada que a da segunda.

Baba trabalha para a prefeitura de Nova York, consertando o sistema de aquecimento e ar condicionado num tribunal de Manhattan, e a administração exige que seus funcionários residam num dos cinco distritos que compõem Nova York. Por isso, fingimos que moramos no apartamento do meu tio. A polícia só apareceu aqui por causa dessa pequena mentira que constava nos registros.

A minha mãe explica tudo isso. E diz aos policiais a verdade sobre o tiroteio: ela não sabia de nada. Não tinha ouvido uma única sílaba a respeito disso. *Nada*. Ela abomina qualquer discurso e conversa sobre a violência. Na mesquita, todo mundo tinha o discernimento de não debater o tema nem fomentar campanhas de ódio na presença dela. Ela responde a uma enxurrada de perguntas complementares, de cabeça erguida, com as mãos imóveis sobre o colo, mas, enquanto isso, o tempo todo um pensamento está martelando dentro de sua cabeça como uma enxaqueca: ela tem que ir até onde meu pai está. Ela deve ficar ao lado dele.

Por fim, minha mãe deixa escapar:

— Ouvi na tevê que Sayyid vai morrer.

Os homens de terno escuro se entreolham, mas não respondem.

— Quero estar com ele. Não quero que ele morra sozinho.

Nenhuma resposta.

— Os senhores podem me levar até ele? Por favor? Os senhores me levam até ele, *por favor*?

Ela repete essa mesma frase vezes sem conta. Por fim, os homens de terno escuro suspiram e guardam seus lápis.

• • •

Fervilham policiais por toda a parte da frente do hospital. Há uma barulhenta multidão na qual se aglomeram os furiosos, os apavorados e os curiosos. Há peruas dos canais de tevê e caminhões-satélite. Um helicóptero sobrevoa. A minha mãe e Ibrahim são entregues para uma dupla de policiais à paisana cuja atitude é abertamente hostil. Para eles a minha família é nada. *Menos* que nada: a família de um assassino. A minha mãe está atordoada, estarrecida e tonta, e, acima de tudo, faminta. A raiva dos policiais é apenas mais uma coisa que ela percebe como que através de um painel de vidro embaçado.

Ela e Ibrahim são conduzidos por uma entrada na ponta do hospital. A caminho dos elevadores, a minha mãe perscruta um comprido corredor, cujo piso recém--encerado reluz sob as luzes fortes e desoladoras. Ela vê uma ruidosa massa de pessoas protestando e vociferando enquanto tentam passar pela segurança. Aos berros, repórteres fazem perguntas. As câmeras disparam seus *flashes*. A minha mãe se sente viscosa e fraca. Sua cabeça, sua barriga, tudo começa a se rebelar.

— Eu vou cair — ela diz a Ibrahim. — Posso me escorar em você?

Ibrahim empaca e se recusa. Como devoto muçulmano, ele não tem permissão para tocá-la. Mas a autoriza a se segurar em seu cinto.

Na área dos elevadores, um dos policiais aponta e diz, de modo brusco:

— *Entrem*.

Em silêncio hostil, eles sobem para a unidade de terapia intensiva. Quando a porta do elevador se abre, a minha mãe caminha sob a luz radiante da UTI. Um membro da SWAT fica em posição de sentido e ergue o rifle junto ao peito.

Ela engole em seco. Ibrahim engole em seco. Um dos policiais revira os olhos e, com um gesto, dispensa o membro da SWAT. Ele abaixa a arma.

A minha mãe corre na direção da cama do meu pai. Ibrahim diminui o passo e se deixa ficar para trás, a fim de lhe dar espaço.

Baba está inconsciente, seu corpo, terrivelmente inchado e nu da cintura para cima. Ele está conectado por meio de fios e tubos a meia dúzia de máquinas, e há um longo ferimento em seu pescoço, já costurado com pontos, onde o agente de segurança dos correios o baleou. Parece que há uma gigantesca lagarta no pescoço dele. As enfermeiras trabalham freneticamente ao lado da cama do meu pai. Não ficam nem um pouco felizes com a interrupção.

A minha mãe estica o braço para tocar o ombro de Baba. O corpo dele está tão enrijecido e sua pele tão fria que ela recua.

— Ele já morreu? — ela pergunta. — *Ya Allah*, Ó Deus, ele já está morto!

— Não, ele *não* está morto — diz uma das enfermeiras, sem se dar ao trabalho de esconder sua irritação. *A família de um assassino.* — E tire as mãos dele. A senhora não pode tocá-lo.

— Ele é meu marido. Por que não posso tocá-lo?
— Porque temos regras.

A minha mãe está aflita demais para entender, porém mais tarde vai concluir que as enfermeiras temiam que ela arrancasse os tubos e fios para que meu pai morresse. Agora ela cola as mãos junto às laterais do próprio corpo. E se inclina para sussurrar no ouvido dele. Diz que está tudo bem, que ela está lá ao lado dele, que o ama, que — se ele estava segurando as pontas apenas por causa dela — está tudo bem, ela está ali, ela o ama, ele pode se desprender e ir embora.

Quando as enfermeiras não estão olhando, ela beija a bochecha dele.

Mais tarde, numa pequena sala de reuniões da UTI, um médico diz para a minha mãe que meu pai vai sobreviver. O médico é a primeira pessoa bondosa e gentil que ela encontrou a noite inteira, e — consolada pela empatia dele, por sua compaixão descomplicada e humana — ela chora pela primeira vez. Ele espera até minha mãe se recompor antes de dar mais informações. O médico diz que Baba perdeu boa parte do sangue do corpo e recebeu uma transfusão. Ainda está com a bala alojada em algum lugar do pescoço, mas, uma vez que sua artéria carótida quase foi rompida, eles não querem correr riscos sondando a região à procura do projétil. O fato de a bala nunca ter saído do corpo do meu pai é o que salvou a vida dele.

O médico permanece sentado com a minha mãe, enquanto ela assimila todos os fatos, ou tenta. Depois disso, os policiais voltam. Eles conduzem a minha mãe

e Ibrahim até o elevador e apertam o botão. Quando o elevador chega e as portas se abrem, um deles aponta e diz:
— *Entrem*.

Do lado de fora, amanheceu. Em qualquer outro dia, o céu pareceria lindo. Mas a morte do rabino Kahane acaba de ser confirmada — do corpo *dele* a bala saiu, por isso ele morreu do mesmo ferimento que quase matou meu pai —, e o estacionamento ainda está abarrotado de carros de polícia e unidades móveis de tevê, e tudo está feio, e nem a minha mãe nem Ibrahim têm condições de fazer suas orações matinais. A minha mãe se consola com duas coisas. Uma delas é que, seja lá o que tenha possuído meu pai levando-o a cometer um ato tão monstruoso, ele jamais voltará a machucar outras pessoas. A outra é que a sobrevivência dele é uma dádiva.

Em ambos os casos, ela está errada.

2 Dias atuais

Existe uma razão pela qual o ódio homicida tem de ser ensinado — e não apenas ensinado, mas implantado à força. Não é um fenômeno que ocorre de maneira natural. Isso é mentira. É uma mentira contada e repetida à exaustão — invariavelmente para pessoas desprovidas de recursos e a quem são negadas maneiras alternativas de ver o mundo. É uma mentira na qual meu pai acreditou, e que ele tinha a esperança de inculcar em mim.

• • •

O que o meu pai fez em 5 de novembro de 1990 dizimou minha família. O ato nos condenou a uma vida de ameaças de morte e assédio da imprensa, uma vida nômade e de constante pobreza, mil "recomeços" que quase sempre levavam a algo pior. A infâmia que meu pai cometeu foi de uma espécie inteiramente nova, e nós fomos os danos colaterais. Meu pai foi o primeiro jihadista islâmico conhecido a tirar uma vida em solo americano. Ele atuou com o apoio de uma célula terrorista estrangeira que, no futuro, no fim das contas, passaria a se chamar Al-Qaeda.

E sua carreira como terrorista ainda não tinha chegado ao fim.

No início de 1993, de sua cela do presídio de Attica, meu pai ajudou a planejar o primeiro ataque a bomba ao World Trade Center, em colaboração com seus colegas da mesquita da Cidade de Jersey, inclusive Omar Abdel-Rahman, a quem a imprensa apelidou de "Xeque Cego" e que usava um fez e óculos escuros Ray-Ban modelo Wayfarer. Em 26 de fevereiro daquele ano, um kuwaitiano chamado Ramzi Yousef e um jordaniano chamado Eyad Ismoil levaram a cabo o plano, entrando no estacionamento subterrâneo do WTC com um furgão Ryder amarelo carregado de explosivos. A horrível esperança deles, e do meu pai, era destruir os alicerces de uma das torres e derrubá-la, fazendo-a desabar por cima da outra, e assim o número de mortos seria estratosférico. Tiveram de se contentar com uma explosão que abriu uma enorme cratera de 30 metros de diâmetro, através de aproximadamente quatro andares de concreto de profundidade. Seis pessoas morreram e mais de mil inocentes ficaram feridos, entre eles uma mulher grávida de sete meses.

Entre as tentativas da minha mãe de evitar que seus filhos soubessem das horríveis ações do pai e o meu próprio desespero de criança pequena de não saber, eu levaria muitos anos para interiorizar por completo todo o horror do assassinato e do atentado a bomba. Eu demoraria praticamente o mesmo tempo para admitir o quanto estava furioso com meu pai por aquilo que ele tinha feito com a minha própria família. Na época eram coisas demais para absorver. Carreguei nas entranhas medo, raiva e desprezo por mim mesmo, mas nem sequer tive condições de começar a processar essas emoções. Completei 10 anos de idade após o primeiro ataque a bomba ao World Trade Center. Emocionalmente, eu já era como um computador sem energia. Quando fiz 12 anos, tinha sido tão humilhado na escola que pensei em suicídio. Somente aos vinte e poucos anos conheci uma mulher chamada Sharon que me fez sentir que eu valia alguma coisa — e que a minha história também tinha algum valor. É a história de um menino treinado para odiar, e de um homem que escolheu um caminho diferente.

・・・

Passei a vida tentando entender o que atraiu meu pai para o terrorismo, e pelejando para lidar com a consciência de que tenho o sangue dele em minhas veias. Ao contar a minha história, a minha intenção é fazer algo esperançoso e instrutivo: oferecer o retrato de um jovem que foi criado no furor das labaredas do fanatismo e que, em vez disso, adotou a não violência. Não posso dizer nada extraordinário ou grandioso a meu respeito, mas a vida de todos tem um tema, e o tema da minha até aqui é o seguinte: todo mundo tem uma escolha. Mesmo se alguém é treinado para odiar, pode optar pela tolerância. Pode escolher a paz.

O fato de que o meu pai foi para a prisão por um crime insondável e incomensurável quando eu tinha apenas 7 anos de idade praticamente arruinou a minha vida. Mas também fez com que ela fosse possível. Da cadeia ele não tinha condições de me encher de ódio. E, mais que isso, não podia me impedir de entrar em contato com os tipos de pessoas que ele demonizava, e de descobrir que eram seres humanos — pessoas com quem eu era capaz de me importar e que eram capazes de gostar de mim. O fanatismo e a intolerância não conseguem sobreviver à experiência. O meu corpo os rejeitou.

A fé da minha mãe no islã jamais vacilou durante as provações da nossa família, mas ela, como a vasta maioria dos muçulmanos, nada tem de zelote, está longe de ser uma fanática. Quando fiz 18 anos, e depois de finalmente ter visto um pedacinho do mundo, eu disse para minha mãe que já não conseguia mais julgar as pessoas com base *no que* elas eram — muçulmanos, judeus, cristãos, homossexuais, heterossexuais — e que, a partir daquele exato momento, eu as julgaria somente com base *em quem* elas eram. Ela me ouviu, fez que sim com a cabeça, e teve a sabedoria de dizer as sete palavras mais fortalecedoras e alentadoras que já ouvi na vida.

— Estou tão cansada de odiar as pessoas.

Ela tinha bons motivos para estar cansada. Nossa jornada havia sido mais árdua para ela do que para qualquer outra pessoa. Durante certo tempo ela passou a usar não apenas o *hijab*, o véu que escondia seus cabelos, mas também o véu chamado *niqab*, que ocultava o rosto inteiro com exceção dos olhos: ela era uma muçulmana devota *e* tinha medo de ser reconhecida.

Recentemente, perguntei à minha mãe se sabia o que o futuro reservava para a nossa família quando ela saiu do Hospital Bellevue com Ammu Ibrahim na manhã de 6 de novembro de 1990.

— Não — ela me disse, sem hesitar. — Eu era uma mãe que levava uma vida normal e passei a viver às voltas com a insanidade, uma vida pública, evitando a imprensa, lidando com o governo, lidando com o FBI, lidando com a polícia, lidando com advogados, lidando com ativistas muçulmanos. Foi como cruzar uma linha. Passei por cima dessa linha e mudei de uma vida para outra. Eu não fazia ideia do quanto seria difícil.

Meu pai está agora na Penitenciária Federal de Marion, Illinois, depois de ter sido condenado à prisão perpétua, mais uma pena de quinze anos sem a menor possibilidade de liberdade condicional devido aos crimes de, entre outras coisas, conspiração sediciosa, homicídio associado a extorsão, tentativa de homicídio de um agente de segurança do serviço postal, uso de arma de fogo em assassinato por encomenda, uso de arma de fogo durante tentativa de homicídio e posse de arma de fogo. Para ser sincero, ainda sinto *alguma coisa* por ele, algo que não fui capaz de extirpar — um resquício de piedade e culpa, acho, embora seja tão tênue quanto um fio de seda de aranha. É duro pensar no homem que um dia chamei de Baba vivendo numa cela, sabendo que todos nós tivemos de mudar de nome por conta do terror e da vergonha.

Nos últimos anos, não visitei meu pai uma única vez. Esta é a história que explica o porquê.

3 1981
Pittsburgh, Pensilvânia

Anos antes de conhecer meu pai, minha mãe se apaixona por um ateu.

Ela foi criada pela minha avó, uma cristã devota e fumante ainda mais devota, que coloca a filha numa escola católica e sustenta a família trabalhando durante décadas para a companhia telefônica Bell Atlantic. A minha mãe nunca conheceu o pai dela, que abandonou a família quando ela ainda era pequena.

Minha mãe é uma católica séria, mas o ateu tem tanta coisa que ela ama e admira que ela acaba se casando com ele. A união dura tempo suficiente para que tenham uma filha, a minha irmã. No fim das contas, porém, minha mãe se dá conta de que não pode criar uma criança com um homem que zomba de religiões.

O casamento entra em crise e desmorona. Depois, inesperadamente, sua fé no catolicismo também esmorece. Ela se dirige a um padre em busca de aconselhamento acerca de uma questão trivial — ela o conhecia desde os tempos do ensino fundamental —, e a discussão descamba para a teologia. A minha mãe acredita na Santíssima Trindade, mas admite ao padre que jamais a compreendeu. O padre começa a explicar.

Porém, quanto mais perguntas a minha mãe faz — quanto mais faminta por clareza e lucidez ela se mostra —, mais intricadas e insatisfatórias as respostas dele se tornam. O padre fica alvoroçado, depois furioso. A minha mãe não tinha tido a intenção de ser belicosa. Ela tenta acalmar a situação. É tarde demais.

— Se você tem de fazer todas essas perguntas — o padre a repreende —, então é porque não tem um pingo de fé.

A minha mãe fica desconcertada.

— Senti como se ele tivesse me esfaqueado no coração — ela me dirá décadas mais tarde. Sua fé em Deus não foi abalada, mas ela sabe, no mesmo instante em que deixa a casa paroquial, que já não é católica. A minha mãe ainda tem vinte e poucos anos, é divorciada e está estudando para se formar professora. Ela pega sua filha de 2 anos e se aventura numa jornada em busca de uma nova religião em que possa despejar sua fé, e em busca de um novo marido.

Ainda no início de sua procura, minha mãe encontra um livro sobre o islamismo na estante de uma biblioteca de Pittsburgh. Visita uma mesquita local, ou *masjid*, para fazer perguntas, e conhece universitários muçulmanos do Afeganistão e do Egito, da Líbia e da Arábia Saudita — de todos os lugares. Ela não fazia ideia de como a comunidade era acolhedora e centrada na família. Os homens, em especial, nada têm a ver com o estereótipo da figura masculina muçulmana fria e distante. Eles ficam acenando, cheios de alegria, enquanto a minha irmãzinha anda de um lado para o outro, tentando se equilibrar.

Em 1982, no final de maio, a minha mãe está sentada numa sala de estudos no primeiro andar da mesquita. Prestes a se converter ao islamismo, ela vinha praticando a *shahada*: "Não há outro Deus além de Alá, e Maomé é seu mensageiro". A profissão de fé deve ser proferida com sinceridade. Deve ser pura, purgada de toda e qualquer dúvida, e irradiar somente amor e submissão. No fundo da mente da minha mãe, como estática numa estação de rádio, ela ouve a voz desaprovadora de sua própria mãe, que estava horrorizada com o fato de a filha ter sido seduzida pelo islã e afirmara com todas as letras que ela nunca seria bem-vinda em sua casa usando um maldito véu na cabeça. Ela usou literalmente as palavras "O que os vizinhos vão pensar?"

A minha mãe rechaça toda a negatividade. Sua fé no islamismo, sua *necessidade* do islã, já é profunda e vigorosa. Ela repete baixinho a *shahada*, inúmeras e inúmeras vezes, até que a proclamação de fé reflita o que ela sente em seu coração. "Não há outro Deus além de Alá, e Maomé é seu mensageiro. Não há outro Deus além de Alá..."

É interrompida por Hani, um novo amigo que ela fez na *masjid*. Hani vinha ajudando a minha mãe em sua jornada rumo ao islã. Ele lhe diz que naquele momento há na mesquita um grupo de homens reunidos num círculo de orações que ficariam honrados se ela recitasse a *shahada* na frente deles — e se tornasse muçulmana em sua presença.

Minha mãe já está uma pilha de nervos, e as maçãs do rosto dela enrubescem só de pensar na ideia.

Hani se apressa a explicar.

— Não vai ser uma coisa assustadora, ou eu não pediria isso a você. Mas é que eles adoram observar uma pessoa se converter. — Ele não acrescentou que observar a conversão *dela* poderia ser de especial interesse.

— Sarah disse que pode se sentar ao seu lado — garantiu Hani. — Se isso deixar você mais confortável.

A minha mãe consente, a contragosto. Hani lhe diz que ela será um tremendo sucesso, e ela responde lançando mão de uma das expressões árabes que havia aprendido recentemente.

— *Inshallah*. Oxalá, se Deus quiser.

Hani fica contente. Radiante, ele fecha a porta.

No andar de baixo, a minha mãe aperta a mão de sua amiga Sarah, que lá está em solidariedade, e depois — respirando fundo como se fosse mergulhar no oceano — entra na mesquita. Convenientemente, o tapete tem a cor verde-azulada das ondas à luz do sol. As paredes são decoradas com um denso padrão estrelado em vermelho-escuro e dourado. Os homens do grupo de oração estão sentados em roda sobre o tapete. Alguns deles usam roupas ocidentais convencionais: calças largas e folgadas, até mesmo calças jeans, e camisas de botão. Outros usam túnicas que vão até os joelhos, de mangas bufantes, e barretes arredondados e brancos com detalhes bordados em azul e dourado. A minha mãe se dá conta de que sabia o nome daquele tipo de gorro — *taqiyah* —, e começa a repetir a palavra em sua cabeça para se acalmar. A roda de orações se silencia.

Os homens se viram para observar a aproximação das mulheres. Durante alguns instantes de agonia, o único som audível são os murmúrios da minha mãe e as meias de Sarah roçando o tapete. *Taqiyah*, minha mãe pensa. *Taqiyah, taqiyah, taqiyah*.

Ela recita a *shahada* de maneira impecável, ainda que com voz trêmula. Somente depois disso o corpo dela finalmente começa a relaxar. Sua respiração desacelera e volta a ficar constante. E, sem pensar se é uma atitude apropriada, ela olha de relance para os homens no recinto. Seu primeiro gesto como muçulmana. Ela sente um pouco de vergonha, sim. *Ainda assim*. Um dos homens é bastante bonito: *Ele tem a aparência de um antigo egípcio numa pintura*, ela pensa. O seu olhar se estende um instante além da conta sobre os reluzentes olhos verdes dele.

Dois dias depois, Hani diz para a minha mãe que um dos homens do círculo de orações está interessado nela e gostaria de marcar um encontro para conhecê-la. No islã não existe "namoro" ou encontros a dois. O Profeta alertou que "Sempre que um homem estiver sozinho com uma mulher, Satanás (*Shaytan*) será a terceira pessoa entre eles" — portanto, isso só podia significar que ele queria se casar com ela. Casar-se com ela! Tendo-a ouvido pronunciar apenas uma dúzia de palavras! Hani tranquiliza a minha mãe, assegurando que o tal homem é um amigo. O nome dele é Sayyid Nosair. Ele é egípcio. Seria o Homem dos Olhos? Ela faz força para tentar expulsar esse pensamento de sua mente.

Uma semana depois, a minha mãe se encontra com Sayyid pela primeira vez na casa de um casal líbio, Omar e Rihan. Omar vinha fazendo o papel de guardião dela, porque, a bem da verdade, a minha mãe não tem mais relações com seus pais. Omar já havia colocado em pleno funcionamento a engrenagem do casamento: reuniu-se com Sayyid, fez perguntas e averiguações sobre ele junto à comunidade, e se deu por satisfeito ao constatar que era um bom muçulmano, ativo na *masjid* e assíduo frequentador dos cultos e rodas de orações. Omar está colocando sobre a mesinha de centro da sala de estar uma bandeja de café — suco de hibisco, baclavás, biscoitos crocantes polvilhados de açúcar e recheados com tâmaras —, quando Sayyid bate à porta.

Omar vai atender, e Rihan se apressa em dar uma olhada no visitante. A minha mãe senta-se nervosamente no sofá. Ouve Omar e Sayyid trocarem saudações de paz: o guardião dela diz: *"Asalaamu alaikum"*, e o pretendente responde com generosidade maior do que a necessária: *"Assalam Alaikum wa Rahmatullah wa Barakatuh"*.[1] *Ele está tentando causar uma boa impressão*, minha mãe pensa. Ela sorri de si para si, com uma passagem do Corão ainda fresca na memória: "Quando fordes saudados cortesmente,

---

1. *"Asalaamu alaikum"* é um cumprimento que significa "Que a paz esteja com você", semelhante à saudação judaica *"Shalom alechem"* e à cristã "Que a paz do Senhor esteja convosco". A resposta significa "Que Deus lhe conceda proteção, segurança, misericórdia e que o abençoe".

respondei com cortesia maior ou, pelo menos, igual, porque Deus leva em conta todas as circunstâncias".

Rihan volta correndo para a sala de estar na frente dos homens — está mais nervosa do que a minha mãe — e ajeita os biscoitos.

— Que bonito... — ela sussurra. — E que lindos olhos tão verdes!

Depois de dois minutos de conversa com a minha mãe, meu pai sugere timidamente:

— Acho que você sabe que estou aqui para falar de casamento.

No Egito, meu pai tinha estudado engenharia e desenho industrial, especializando-se em metais. Era um homem criativo. Capaz de projetar um navio com a mesma facilidade com que desenhava um colar. Embora estivesse morando nos Estados Unidos havia menos de um ano, encontrou trabalho numa joalheria, onde — poucos dias depois de conhecer minha mãe — desenha e forja um anel de noivado. Ele não poupa despesas. O anel é lindo e pesado. Quando a minha mãe vê a joia, os olhos dela se arregalam.

. . .

Meus pais se casam em 5 de junho de 1982, dez dias depois de se conhecerem. Um "namoro" tão breve parece agourento, eu sei — como o prelúdio do que só poderia ser uma tragédia. Mas a rotina do mundo ocidental, de sexo, amor e casamento — que geralmente ocorrem nessa ordem —, também produz seu quinhão de sofrimento e divórcio. Não seria possível que outro conjunto de rituais e expectativas, *qualquer* outro conjunto, também funcionasse? Durante algum tempo a minha mãe e o meu pai são felizes. De verdade. A minha mãe encontrou um homem que podia ensinar a ela o idioma árabe e ajudá-la e aprofundar seu conhecimento acerca do islã. Um homem devoto. Um homem amoroso e espontâneo. Um homem que amou minha irmã à primeira vista — que se abaixou para conversar com ela no primeiro momento em que se conheceram. O meu pai é impressionantemente magro porque vivia numa pensão em que não era permitido cozinhar. O inglês dele já é quase perfeito, ainda que um tanto pomposo. Ele tem um ligeiro sotaque árabe. De vez em quando, comete um ou outro erro de pronúncia, mas o efeito é geralmente cômico. Ele adora comer espaguete com almôndegas, mas se refere a esse prato como "espaguete com bolinhas de carne". Minha mãe não resiste e sempre dá risadas disso. Ele não se ofende.

— Você é o meu coração — ele diz. — É certo que me corrija.

Em julho, meu pai encontra para a sua nova família um apartamento na área de Oakland, em Pittsburgh. Pela primeira vez em muitos anos, a minha mãe se sente alegre e esperançosa. O bairro fervilha de cultura e é repleto de estudantes como ela. Rihan e Omar moram bem perto. A *masjid* fica a apenas alguns quarteirões. Minha mãe e meu pai saem de braços dados para comprar comida e itens para o apartamento. Ela pergunta sobre o tipo de coisa que ele gosta.

— Eu gosto de tudo que você gostar — ele responde.
— Você é a rainha do nosso lar, e quero que você decore tudo do jeito que quiser. Se estiver feliz com tudo que escolher, eu também vou adorar.

Nasci em março de 1983, e meu irmão, um ano depois. Quando estou com 3 anos, Baba me leva para o Parque de Diversões Kennywood. No brinquedo Dínamo Doido, giramos até ficar tontos dentro de xícaras gigantes. E no Grande Carrossel, montamos cavalos pintados. Meu pai escolhe um garanhão dourado, que desliza para cima e para baixo, enquanto eu me agarro ao pescoço de um pônei marrom fixo. Depois, numa minimontanha-russa chamada Fantasminha, meu pai finge estar aterrorizado:

— Ó Alá, me proteja e me leve ao meu destino! — para me distrair do fato de que eu estou morrendo de medo.

Para sempre vou me lembrar desse dia. É a minha recordação mais antiga. Nem mesmo os pesadelos vindouros serão capazes de apagá-la.

• • •

Meu pai não passa a odiar os Estados Unidos do dia para a noite. Sua amargura vai se erigindo aos poucos, alimentada por encontros aleatórios coma a feiura e o azar. Na mesquita, a minha mãe começa a ajudar Rihan com a *da'wa* — a campanha para arrebanhar neófitos para a fé islâmica. Elas não saem pregando de porta em porta nem tentam converter prosélitos na rua; recebem visitantes na *masjid* a fim de educá-los sobre o islã, e respondem ao mesmo tipo de pergunta e dúvida que a minha mãe outrora tivera. Boa parte dos visitantes é de jovens americanas. Meninas, a bem da verdade. Algumas vão até a mesquita não porque estão numa jornada espiritual, mas sim porque haviam se apaixonado por um muçulmano. Contudo, o grande número de pessoas genuinamente curiosas e em busca de compreensão religiosa que atravessam as portas da mesquita — e por fim se convertem — torna o trabalho de Rihan compensador. Às vezes, quando as mulheres não têm onde ficar, a minha família oferece uma cama.

O que acaba se revelando um erro. No outono de 1985, a minha família acolhe em casa uma jovem chamada Barbara (alterei o seu nome, já que ela não está aqui para oferecer sua versão do que aconteceu). Barbara é emburrada e errática, e nunca olha ninguém nos olhos. Fica conosco por quatro meses. Ela não parece verdadeiramente interessada no islã. A irmã dela vinha pesquisando a religião para deixar o namorado feliz, e Barbara a está apenas acompanhando. Ela irradia uma energia tão desconfortável que é difícil até mesmo ficar no mesmo recinto que ela.

Não demora muito para que Barbara comece a andar com o que os meus pais chamam de "um grupinho muito perigoso de muçulmanos". Por duas vezes a minha mãe tenta arranjar casamento para ela, e por duas vezes Barbara é rejeitada depois de um único encontro com o pretendente. A autoestima dela despenca. Ela começa a ficar deitada dentro da banheira, com roupa e tudo, e a ter crises de choro no meio da noite. E nos acusa, a todos nós, de roubar suas roupas do quarto dela, roupas que nenhum muçulmano usaria, muito menos uma criança. O meu pai insiste que ela se mude. Ela obedece. Menos de uma semana depois — aparentemente agindo a conselho de seus novos amigos muçulmanos, que acham que ela conseguiria extorquir algum dinheiro da minha família —, ela acusa meu pai de estupro.

Naquele momento há um estuprador à solta em Pittsburgh. Algumas de suas vítimas o descreveram como "ou hispânico ou do Oriente Médio". A polícia encara com extrema seriedade a acusação de Barbara. Quando um advogado amigo da minha família finalmente convence a polícia de que a mulher havia inventado a história, meu pai já havia sido esmagado pelo medo e pela humilhação. Ele parou de se deitar para dormir na cama com a minha mãe à noite. Estendia seu tapete de orações junto ao aquecedor na sala de estar e se enrodilhava em cima dele. Parou de comer. Tudo que ele faz é dormir e orar por sua segurança. Nem mesmo os membros da mesquita sabem em quem acreditar — aparentemente havia surgido um racha na comunidade, até onde a minha mãe podia ver —, o que intensifica a dor do meu pai como se fosse um tumor que lhe crescesse no estômago. Realiza-se uma audiência na *masjid*. Os membros da mesquita estão alarmados com a dissidência em seu meio, e tentam resolver eles mesmos a questão. De qualquer modo, não confiam no sistema judiciário americano.

Muitos anos depois a minha mãe descreverá a cena para mim: Barbara chega com a irmã, o namorado da irmã e uma pequena multidão de voláteis amigos muçulmanos. A tensão é tão palpável que irrompe uma briga. O meu pai permanece sentado em silêncio, de cabeça baixa, apertando os joelhos com as mãos. Barbara repete as acusações — reafirma que o meu pai a havia estuprado e que a minha família roubara suas roupas — e exige restituição. A minha mãe fica desolada, de coração partido, pelo marido. Por ele ter sua devoção por Alá questionada em sua própria mesquita!

Um membro do conselho pede a Barbara que descreva o corpo do meu pai.

— Peludo — ela diz. — Peito peludo. Costas peludas. *Peludo.*

Minha mãe deixa escapar uma gargalhada.

De um salto, meu pai se põe de pé. E se dirige ao conselho.

— Os senhores querem que eu tire a minha camisa *aqui e agora* para que possam ver a mentirosa que esta mulher é?

Quis o destino que o corpo do meu pai não correspondesse ao estereótipo do homem do Oriente Médio.

Meu pai é avisado de que não será necessário tirar a roupa. Os membros do conselho estão convencidos de sua inocência. Para liquidar o assunto, decidem pagar

150 dólares a Barbara pelas roupas que ela insiste terem sido furtadas. Ela parece estar satisfeita. Ela e sua comitiva saem da mesquita. Como se a sua falta de respeito pelo islã já não estivesse bastante evidente, ela permanecera o tempo todo de sapatos dentro da mesquita.

• • •

Meus pais tentam reconstruir a vida em Pittsburgh, mas as peças não se encaixam mais. Para o meu pai, a humilhação foi um fardo tremendamente pesado. A tristeza e a exaustão pairam no ar. A minha mãe está apavorada demais para auxiliar os outros. O meu pai não consegue mais encarar seus amigos na *masjid*. E nenhuma outra pessoa, verdade seja dita. Só trabalhar. Ele emagrece. A única lembrança que tenho dele dessa época é a de vê-lo ajoelhado sobre o tapete de orações na sala de estar, com o corpo dobrado, orando ou fustigado pela dor, ou ambos.

4 1986
Jersey City, Nova Jersey

Em julho, nos mudamos de Pittsburgh e — durante certo tempo — nossa vida volta a se encher de luz. A minha mãe dá aulas para o primeiro ano do ensino fundamental numa escola islâmica de Jersey City. O meu pai não consegue encontrar trabalho como joalheiro, mas arranja emprego numa empresa de instalação de iluminação de palco, e graças aos talentos culinários da minha mãe engorda até ficar agradavelmente parrudo. Os dois se tornam cada vez mais próximos. A comunidade egípcia da cidade é uma maravilha: há lojas árabes por toda parte, e homens de túnica e mulheres de *hijab* zanzam em massa pelas ruas. A nossa nova mesquita, Masjid Al-Shams, não oferece todas as atividades para famílias e crianças a que a minha mãe estava acostumada, mas vamos com frequência para as orações (alterei o nome da mesquita em respeito à sua atual congregação). Depois do trabalho, meu pai nos leva para fazer piquenique no parque. Joga futebol e beisebol comigo no quintal — uma versão pré-escolar desses esportes, pelo menos. Uma verdadeira calmaria incide sobre a minha família. Até que um dia o diretor da escola onde a minha leciona a chama em sua sala e lhe diz que tudo vai ficar bem, não se preocupe, tudo vai dar certo, mas ele tinha acabado de receber um telefonema: meu pai sofrera um acidente no trabalho. Está internado no Hospital St. Vincent, em Nova York.

Baba fora eletrocutado. Ele iria se recuperar, mas o choque foi suficiente para queimar sua mão — que estava segurando uma chave de fenda — e fazê-lo despencar de uma escada, inconsciente. Meu pai passa por uma cirurgia. Depois de muito trabalho árduo dos médicos a pele morta é penosamente removida, e um naco de pele de sua coxa é usado como enxerto na mão. Meu pai recebe instruções para cuidar das queimaduras, tem alta e volta para casa a fim de se recuperar com analgésicos, bem como com a receita de um antidepressivo de tarja preta barra-pesada de efeitos imprevisíveis. Ele não consegue trabalhar. Ser capaz de sustentar a própria família sempre fora imprescindível para o meu pai, como homem e como muçulmano.

Embora a minha família consiga sobreviver com o salário da minha mãe e recorrendo aos cupons do programa Bolsa Alimentação, do governo, a vergonha se alastra pelo corpo do meu pai feito uma gota de tintura vermelha na água. A minha mãe vê que ele está sofrendo, mas Baba está além do alcance dela. Em muitos sentidos, o comportamento dele reflete o modo como tinha agido durante a acusação de estupro. Dessa vez, porém, meu pai não ora obsessivamente, mas se debruça horas a fio sobre o Corão, lendo e estudando com toda a atenção. Mesmo quando já tem condições de voltar a trabalhar — arranja emprego como funcionário da manutenção do sistema de aquecimento e ar condicionado num tribunal de Manhattan —, torna-se mais ensimesmado que nunca. Vai regularmente à Masjid Al-Shams, para orar e ouvir palestras e participar de reuniões misteriosas. De início a mesquita parecia moderada, mas foi se tornando uma das mais fundamentalistas da cidade — o que explica por que a minha mãe não se sente exatamente bem-vinda ali como mulher, e por que lá existe um ódio no ar que jamais tínhamos sentido na pele antes. E explica também por que motivo meu pai foi ficando cada vez mais intolerante com os que não eram muçulmanos. A minha mãe leva a minha irmã, meu irmão e eu para atividades familiares no Centro Islâmico que fica no andar de cima da escola da minha irmã, mas Baba já não vai mais conosco: de repente, ele passa a desaprovar o imã de lá. Em casa, ainda tem momentos de ternura com os filhos, mas é cada vez maior o número de ocasiões em que olha *através* de nós, e não *para* nós — em que é apenas uma figura que passa roçando por nós, segurando com força nas mãos seu exemplar do Corão. Um dia, pergunto inocentemente quando ele havia se tornado um muçulmano devoto, e ele responde com uma recém--adquirida rispidez na voz:

— Quando vim para este país e vi tudo que havia de errado nele.

Muitos anos depois, comentava-se que os agentes do FBI haviam colocado na Masjid Al-Shams um apelido de arrepiar: "filial da Jihad[1] em Jersey City".

• • •

No final dos anos 1980, os olhos dos muçulmanos do mundo inteiro estão sobre o Afeganistão. A União Soviética e os Estados Unidos vinham usando o país como tabuleiro da Guerra Fria por quase uma década. Em 1979, o governo comunista afegão solicitou tropas russas para ajudar a combater os rebeldes *mujahidin* (uma resistência composta por vários grupos de oposição afegãos vagamente alinhados). Em resposta, uma aliança encabeçada pelos Estados Unidos e pela Arábia Saudita começou a despachar bilhões de dólares em dinheiro e armas para os próprios rebeldes. A violência se tornou tão grande que um terço da população afegã fugiu, principalmente para o Paquistão.

A mesquita do meu pai não passa de uma mancha cinzenta de paredes descascando no terceiro andar de um prédio comercial, tendo como vizinhos de baixo um restaurante de comida chinesa para viagem e uma joalheria. Ainda assim, a Masjid Al-Shams atrai xeques e eruditos islâmicos do mundo inteiro, que

---

1. Termo árabe que significa "luta", ou "esforço". O grupo radical Jihad Islâmico é uma das principais facções terroristas palestinas e empreende uma "guerra santa" contra os tidos como infiéis e a existência do Estado de Israel.

exortam Baba e seus amigos a prestar auxílio aos seus irmãos rebeldes. Para o meu pai e outros membros marginalizados e socialmente excluídos da mesquita, a sensação de ter um propósito na vida é inebriante. Um dos oradores em especial arrebata meu pai: um ativista político sunita palestino chamado Abdullah Yusuf Azzam.

Azzam está fazendo um périplo pelos Estados Unidos a fim de arrecadar recursos, mobilizando e incitando plateias com um severo grito de guerra: "Somente a *jihad* e o rifle: nada de negociações, nada de reuniões nem de diálogo". Ele já havia sido mentor de um jovem estudante de economia da Arábia Saudita, Osama bin Laden, a quem convencera a levar os contatos da família (e o talão de cheques da família) para o Paquistão de modo a apoiar a luta contra os russos. "Daremos continuidade à *jihad*, por mais longo que seja o caminho", promete Azzam aos americanos que afluem aos bandos para assistir aos seus sermões, "até o último suspiro e até a última batida do coração." Ele os inspira com histórias sobre campos de batalha que descambam para o realismo mágico — histórias de *mujahidin* cujos corpos são imunes às balas soviéticas, e que no combate são acompanhados por anjos a cavalo, e que se livram das bombas que caem do céu graças à proteção de esquadrões de pássaros.

O meu pai conhece Azzam na mesquita e volta para casa transformado. Ao longo de toda a sua vida o mundo havia agido *sobre ele*; finalmente, depois de tanto tempo, ali está *sua chan*ce de agir — e dar uma clara e irrefutável manifestação de sua devoção a Alá. Ele e outros homens da mesquita começam a se reunir em nosso apartamento, conversando aos berros, em êxtase, sobre o apoio que deviam dar à *jihad* no Afeganistão. Montam uma lojinha no andar debaixo da *masjid*, onde vendem textos religiosos, cartazes e fitas cassete para arrecadar dinheiro. É um espaço escuro e abafado, sem janelas. Há livros espalhados por toda parte. As paredes são forradas de textos do Corão, escritos em letras garrafais, cintilantes e floreadas. Baba me leva para lá o tempo todo, junto com meu irmão, e nós ajudamos. Não sabemos exatamente o que está acontecendo, mas não resta dúvida de que o meu pai se sente *vivo* mais uma vez.

A minha mãe aprova a *jihad* afegã — até certo ponto. Ela é ao mesmo tempo uma muçulmana devota e uma americana patriota, e embora essas duas identidades estejam quase sempre em conflito, a aliança entre os rebeldes muçulmanos e os americanos no Afeganistão é um raro caso em que os líderes políticos e religiosos dela concordavam em alguma coisa. Mas o meu pai está se jogando de cabeça, e rápido demais. Ele agora tem uma linha direta com Azzam, a quem idolatra. Ele e outros homens da mesquita fazem acampamentos para treinar técnicas de sobrevivência. Vão de carro até o Campo de Tiro Calverton, em Long Island, a fim de treinar tiro ao alvo. Quando o diretor da mesquita expressa sua preocupação com o radicalismo, é destituído do cargo. Provavelmente é desnecessário dizer que o meu pai não tem mais tempo para a mulher e os filhos, mas foi isso que aconteceu. Quando ele se arrasta de má vontade para me acompanhar no meu primeiro dia na escola nova, minha mãe fica chocada. Pouco tempo antes, sua família era uma preocupação permanente. Agora estamos competindo pela atenção dele com muçulmanos do outro lado do planeta.

O ponto de ruptura, a gota d'água, ocorre quando meu pai comunica à minha mãe que não quer mais apoiar a *jihad* à distância. Ele quer rumar para o Afeganistão a fim de pegar em armas. A minha mãe fica aterrorizada. Implora que ele reconsidere. Ele se mantém inflexível. E tem mais: insiste que a minha mãe se mude conosco para o Egito, onde moraríamos com o nosso avô enquanto meu pai se junta aos *mujahidin*. Felizmente, meu avô fica horrorizado com o plano. Ele acredita que o lugar do meu pai é junto da mulher e dos filhos, e rejeita a proposta. Foi mais longe e alerta meu pai de que, caso nos mudássemos de fato para o Egito, ele nos deserdaria e nos veria morrer de fome.

O meu pai não tem muito tempo para lamentar. Em 1989, alguém (nunca ficará claro quem) tenta matar Azzam amarrando explosivos em seu púlpito em Peshawar, no Paquistão. A bomba não funciona. Entretanto, em 24 de novembro do mesmo ano, um assassino detona uma bomba colocada sob a estrada quando Azzam e seus dois filhos estão num jipe a caminho das orações da sexta-feira. Os três morrem.

É difícil descrever o efeito que essa notícia tem sobre o meu pai. Olhando em retrospecto duas décadas depois, a minha mãe apontaria o assassinato de Azzam como o momento preciso em que perde o marido para sempre.

Em 1989, os soviéticos desistem do Afeganistão e retiram suas tropas. Os Estados Unidos, que agora nada mais tinham em jogo na região, também levantam acampamento e saem na surdina. O Afeganistão se torna uma nação de viúvas e órfãos, com a economia, o povo e a infraestrutura arrasados. Jihadistas como o meu pai desejam criar o primeiro Estado verdadeiramente islâmico do mundo — um país regido pela lei islâmica, conhecida como charia. Em 1990, um dos aliados de Osama bin Laden, o xeque egípcio cego Omar Abdel-Rahman, viaja para os Estados Unidos a fim de conclamar os fiéis para uma *jihad* de escopo verdadeiramente global que não apenas reivindica o Afeganistão, mas também promete dar um fim, recorrendo a todos os meios necessários, ao que os jihadistas veem como a tirania — patrocinada pelos Estados Unidos — de Israel sobre a Palestina.

O chamado Xeque Cego consta da "lista de terroristas sob vigilância" do Departamento de Estado dos Estados Unidos, e há motivos para isso: Abdel-Rahman foi preso no Oriente Médio por emitir a fátua[2] que resultou no assassinato do presidente egípcio Anwar Sadat.

---

2. Decreto ou parecer jurídico no islã emitido por um especialista em lei religiosa.

Mesmo assim, consegue obter um visto de turista. Quando o Departamento de Estado revoga o visto, ele convence a filial de Nova Jersey do Serviço de Imigração e Naturalização a lhe dar um *green card*. Ao que parece, as agências governamentais não são capazes de chegar a um consenso quanto a lidar com um terrorista internacional que até outro dia fora nosso aliado contra os russos.

Mais ou menos nessa mesma época nos mudamos de Jersey City para o distrito de Cliffside Park, por insistência da minha mãe. É um subúrbio vizinho, tranquilo e arborizado. O lugar acaba de ganhar fama como a terra natal do personagem de Tom Hanks no filme *Quero ser grande* —, e a minha mãe tem a esperança de que a distância rompa os vínculos do meu pai com os radicais da Masjid Al-Shams. Na verdade, nada muda. Toda manhã ele ralha com ela, citando passagens do Corão e dos ensinamentos de Maomé, os *hadiths*, coletados na suna. O islã diz *isto*, mulher; o islã diz *aquilo*. Meu pai torna-se um estranho, um desconhecido para ela. Toda noite, depois do trabalho, ele percorre uma longa distância de carro para ir até a nossa velha mesquita ou a outra, no Brooklyn, onde o Xeque Cego também está cativando os fiéis. A obsessão do meu pai pela difícil situação dos muçulmanos na Palestina se aprofunda, bem como a sua aversão pelo apoio americano a Israel. É claro que ele não está sozinho. Passei a vida inteira — em mesquitas, salas de estar e eventos de arrecadação de recursos para o

Hamas[3] — ouvindo que Israel é o inimigo do islã. Mas agora essas palavras parecem ter um tom mais duro. A minha mãe está preocupada, temendo que algum tipo de desastre cruze nosso caminho. Ela entra no que mais tarde chamaria de "piloto automático", dedicando-se aos filhos e simplesmente tentando atravessar o túnel escuro dos dias.

O meu pai me leva inúmeras vezes para ouvir os discursos do Xeque Cego. Eu não entendo o idioma árabe suficientemente bem para compreender mais do que algumas palavras soltas de sua pregação, mas sua ferocidade me apavora. Quando meu pai me empurra à frente para que eu aperte a mão de Abdel-Rahman depois do sermão, eu simplesmente meneio a cabeça, tímido. Depois os homens estendem um forro de plástico sobre o chão da mesquita e trazem *fatteh* — pão pita torrado e arroz com sopa de carneiro — para o jantar. Durante uma hora, as vozes de pais e filhos são como pássaros no ar, tudo parece cálido e normal de novo, e comemos.

O meu pai estreita os laços com o Xeque Cego. Sem que saibamos, aparentemente o xeque está instigando meu pai a ganhar notoriedade no movimento. O meu pai cogita a ideia de matar o futuro primeiro-ministro de Israel, Ariel Sharon, e chega a espreitar o hotel onde

---

3. O Hamas (sigla em árabe de Movimento de Resistência Islâmica) é a maior organização palestina da atualidade, funcionando como partido político. Surgiu em 1987, com dois objetivos: promover a luta armada contra Israel e realizar programas de bem-estar social.

ele está hospedado. No fim das contas, ele desiste do plano, mas para um fundamentalista que acredita ser um instrumento vivo da fúria virtuosa de Alá, existem alvos potenciais em toda parte. Logo meu pai descobre o que ele acreditava ser sua verdadeira vocação: devia assassinar o rabino Kahane.

• • •

Esta é uma das últimas lembranças que tenho do meu pai como um homem livre: é uma manhã de sábado em Jersey City. É final de verão. Meu irmão e eu somos acordados bem cedo por Baba — pegamos de novo no sono após as orações de antes da alvorada —, que pede que nos preparemos para uma aventura. Trocamos de roupa e o seguimos, sonolentos, até o carro. Rodamos, rodamos, rodamos sem parar: saímos do nosso subúrbio verdejante e, ao chegar a Nova York, atravessamos o tenso e congestionado Bronx e entramos em Long Island. Passam-se duas horas, que para mim e o meu irmão parecem quatro. Por fim, chegamos a uma enorme placa azul: CAMPO DE TIRO CALVERTON.

Estacionamos num terreno arenoso, e vejo que Ammu Ibrahim está à nossa espera, ao lado de outro carro, repleto de amigos do meu pai. Meu tio está encostado em seu sedã, enquanto os meninos dele correm de um lado para outro, felizes da vida, chutando areia. Ele está usando uma camiseta com um mapa do Afeganistão e um *slogan*: AJUDEM-SE UNS AOS OUTROS com bondade e devoção. Os homens todos se cumprimentam com saudações de paz, depois um dos amigos do meu pai abre o porta-malas do seu carro, que está abarrotado de pistolas e fuzis AK-47.

Os alvos — silhuetas de homens sem rosto — estão posicionados na frente de encostas íngremes. Há uma luz amarela piscante acima de cada um deles, e uma fileira de abetos no alto das colinas, além. De vez em quando surge um coelho numa correria desenfreada, assusta-se com os estampidos da artilharia e se apressa em se esconder de novo.

Baba e Ammu são os primeiros a atirar, depois é a vez das crianças. Durante algum tempo nós nos revezamos. Eu não fazia ideia de que o meu pai tinha se tornado um atirador tão exímio. Quanto a mim, o rifle é pesado nos meus braços, e não tenho a mira tão boa quanto a dos meus primos, que tiram sarro de mim toda vez que erro o alvo e acerto a encosta, fazendo a bala levantar um pequeno borrifo de areia.

Um teto de nuvens baixas desliza sobre o campo de tiro, derramando uma sombra por cima de tudo. Uma chuva frouxa e desanimada começa a cair. Estamos prestes a arrumar as coisas para ir embora quando, na minha última rodada, alguma coisa estranha acontece: por acidente, acerto a luz acima de um dos alvos; ela se estilhaça — explode, na verdade — e faz com que a silhueta do homem pegue fogo.

Eu me viro para Baba, com o corpo inteiro crispado, apavorado de ter feito algo errado.

Estranhamente, ele abre um sorrisinho malicioso e meneia a cabeça em sinal de aprovação.

Ao lado dele, Ammu ri. Ele e meu pai são próximos. Ele deve saber que o meu pai está planejando matar Kahane.

— *Ibn abu* — ele diz, com um largo sorriso.

A insinuação, nas palavras de Ammu, vai me atormentar durante anos a fio, até eu perceber que meu tio estava redondamente enganado a meu respeito.

— *Ibn abu*.

Tal pai, tal filho.

5 Janeiro de 1991
Penitenciária de Rikers Island, Nova York

Esperamos uma eternidade no furgão. Estamos num estacionamento imenso — o maior que já vi na vida — e o mundo é cinzento e gélido, e não há nada para fazer, nada que se ver, a não ser um *food truck* prateado envolto pela neblina. A minha mãe nos dá uma nota de 5 dólares, e caminhamos até lá para conferir. O homem da perua está vendendo *knishes*, entre outras coisas. Nunca ouvi falar de *knish* — parece algo que Dr. Seuss, o autor de livros infantis, teria inventado —, mas a grafia é tão legal e esquisita que compro um. Descubro que é uma coisa frita com recheio de batata. Ao ficar mais velho, descobri que os *knishes* são bolinhos judaicos, e me lembro de ter espalhado sobre um deles uma generosa camada de mostarda e devorado a iguaria a caminho de Rikers Island, onde meu pai aguardava julgamento por ter matado a tiros um dos mais importantes e polêmicos rabinos do mundo, um homem cujas opiniões causavam discórdia e desavença.

 Quando chegamos à penitenciária, entramos numa longa e sinuosa fila de visitantes, em sua maioria mulheres e crianças. Posso ver quanto a minha mãe sofre por ter de trazer seus filhos a este lugar. Ela nos mantém bem perto, junto ao seu corpo. Conta-nos que

Baba foi acusado de ter matado um rabino judeu, mas rapidamente acrescenta que somente Baba pode nos dizer se isso é verdade.

Enfileirados, somos instruídos a avançar e nos submeter aos procedimentos de segurança. Os postos de controle e checagem parecem ser infinitos. Num deles, um guarda veste uma luva de borracha e vasculha o interior da boca da minha mãe. Em outro, somos todos revistados e apalpados — uma questão simples para o meu irmão e para mim, mas complicada para as mulheres e meninas islâmicas, que trajam *hijab* e são proibidas de tirar o véu em público. Agentes de segurança femininas empurram a minha mãe e a minha irmã para salas individuais. Durante meia hora, eu e meu irmão ficamos sentados sozinhos, balançando as pernas e fazendo um péssimo trabalho na tentativa de demonstrar coragem. Por fim, somos todos reunidos e conduzidos ao longo de um corredor de concreto na direção da sala de visitas. Depois, de repente, pela primeira vez em meses, Baba está na nossa frente.

Ele está vestindo um macacão alaranjado. Um de seus olhos está terrivelmente injetado. Meu pai, agora com 36 anos de idade, está com aspecto desgrenhado, parece faminto e exausto, diferente de si mesmo. Ao nos ver, porém, seus olhos brilham de amor. Corremos até ele.

Depois de uma escaramuça de beijos e abraços — depois que ele nos envolve em seus braços como se fosse uma grande algema —, meu pai assegura que é inocente. Ele queria conversar com Kahane, falar com ele sobre o islã, convencê-lo de que os muçulmanos não eram os inimigos. Ele jura que não tem nenhuma arma e que não é assassino. Antes mesmo que ele termine de falar, a minha mãe já está aos prantos.

— Eu *sabia* — ela diz. — No meu coração, eu sabia, eu sabia, eu sabia.

Meu pai fala com a minha irmã, com o meu irmão e comigo, um por um. Ele faz a cada um de nós as mesmas duas perguntas que nos fará por anos a fio, toda vez que nos vir ou escrever para nós: "Você está fazendo suas orações? Está sendo bom para a sua mãe?"

— Ainda somos uma família, Z — ele me diz. — E ainda sou seu pai. Não importa onde eu esteja, não importa o que as pessoas possam dizer a meu respeito. Você entende?

— Sim, Baba.

— E mesmo assim você não está olhando para mim, Z. Deixe-me ver esses olhos verdes que eu te dei, por favor.

— Sim, Baba.

— Ah, mas os *meus* olhos é que são verdes! Os seus são ora verdes, depois azuis, então violeta. Você deve decidir de que cor são seus olhos, Z!

— Eu vou, Baba.

— Muito bem. Agora vá brincar com o seu irmão e a sua irmã, porque — aqui meu pai se vira para a minha mãe e sorri afetuosamente para ela — preciso falar com a minha rainha.

Desabo no chão e tiro da mochila alguns jogos — Lig-4 e Sobe-desce. A minha mãe e o meu pai sentam-se à mesa de mãos dadas e conversam em voz baixa, julgando que assim não conseguimos ouvi-los. A minha mãe está fingindo ser mais forte do que realmente é. Ela diz que está tudo bem, que dá conta de cuidar das crianças na ausência dele; que a sua única preocupação é o meu pai. Faz tanto tempo que vem represando as perguntas, que elas saem todas de um jorro: "Você está em segurança, Sayyid? Estão te dando comida suficiente? Há outros muçulmanos aqui? Os guardas deixam você rezar? O que posso lhe trazer? O que posso lhe dizer, Sayyid, além de que eu o amo, eu o amo, eu o amo?"

• • •

Não retornamos para o nosso apartamento de Cliffside Park depois do tiroteio, exatamente o que a minha mãe temia que acontecesse quando estendeu o lençol branco no chão e me pediu que o enchesse. Passamos a morar temporariamente no apartamento do tio Ibrahim no Brooklyn — três adultos e seis crianças num apartamento de um quarto —, tentando construir uma nova rotina normal, passo a passo.

A polícia de Nova York fez uma busca em nossa casa horas depois de sairmos de lá. Ainda demorará anos até eu ter idade suficiente para entender os detalhes, e então ficar sabendo que o meu pai estava mentindo quando nos disse que não era assassino. A polícia apreendeu 47 caixas de material suspeito, sugerindo uma conspiração internacional — instruções para a fabricação de bombas, uma lista de potenciais alvos judeus e referências a um ataque aos "prédios mais altos do mundo". Mas a maior parte do material estava em árabe, e as autoridades desprezaram algumas das anotações como se fossem "poesia islâmica". Ninguém se daria ao trabalho de traduzir o grosso do material até depois do primeiro ataque ao World Trade Center, menos de três anos depois (mais ou menos no mesmo período, agentes federais prenderam meu tio Ibrahim e, ao revistar seu apartamento, encontraram passaportes nicaraguenses falsos em nome de meus familiares. Se o plano do meu pai de matar Kahane tivesse transcorrido sem problemas, aparentemente eu teria crescido na América Central, com um nome hispânico). As autoridades não apenas ignoram as 47 caixas tiradas do nosso apartamento. O FBI tem também as imagens das fitas de segurança mostrando meu pai no Campo de Tiro Calverton —, mas ninguém ligou os pontos. A equipe de investigadores do Departamento de Polícia de Nova York insiste em dizer que o meu pai é um pistoleiro solitário. A ideia é absurda, conforme o jornalista investigativo Peter Lance e o próprio governo dos Estados Unidos provariam muito tempo depois do fato.

Durante anos vão pipocar teorias de que o meu pai entrou no Marriott acompanhado de pelo menos um, provavelmente dois outros conspiradores, embora mais ninguém será acusado em momento algum. Meu pai estava usando um quipá para se misturar à plateia predominantemente ortodoxa. Ele se aproximou do palanque onde Kahane estava discursando e destilando sua característica fúria acerca da ameaça árabe. Meu pai se deteve, e depois bradou: "Este é o momento!" Então disparou contra o rabino e saiu correndo do salão de baile. Um dos partidários de Kahane, um senhor de 73 anos, tentou bloqueá-lo. Meu pai atirou na perna do homem, depois ganhou a rua. De acordo com os relatos, seu amigo Vermelho, o taxista que ligaria para a minha mãe naquela noite, deveria estar esperando dentro do táxi, do lado de fora do Marriott. Entretanto, aparentemente um porteiro havia pedido que ele tirasse o carro da frente do hotel. Por isso meu pai entrou no táxi errado. O carro havia andado apenas um quarteirão quando simpatizantes de Kahane pararam na frente do veículo para impedir a fuga do meu pai. Meu pai encostou a arma na cabeça do taxista. O taxista desceu do carro. Meu pai saiu logo atrás. Desceu correndo a Lexington Avenue, trocou tiros com o agente de segurança do correio, que estava usando um colete à prova de balas, e desabou na rua. De acordo com algumas teorias, os cúmplices do meu pai escaparam pelo metrô.

A história provará que meu pai não agiu sozinho. Mas ainda estamos em 1990, e a polícia de Nova York não é capaz de imaginar o conceito de uma célula terrorista global — praticamente ninguém é —, e não tem interesse em tentar investigar e instaurar processo sobre algo desse tipo.

• • •

Tampouco retornamos para a nossa antiga escola em Cliffside Park. A imprensa se instalou lá na manhã seguinte ao assassinato, e nós já não nos sentíamos seguros nem bem-vindos. Sabendo que não tínhamos para onde ir, a Al-Ghazaly, a escola islâmica de Jersey City, ofereceu bolsas de estudo a todos nós. No fim, ficou claro que o *slogan* que estampava a camiseta de Ammu Ibrahim — AJUDEM-SE UNS AOS OUTROS COM BONDADE E DEVOÇÃO — pode ser um apelo à bondade, e não apenas à violência.

Agradecida, a minha mãe aceita as bolsas, e nos mudamos de volta para Jersey City. Tudo que podemos pagar é um lugar numa área deteriorada da Reservoir Avenue. A minha mãe pede ao senhorio que instale barras nas janelas, mas isso não impede que os bêbados atormentem minha irmã, meu irmão e a mim quando brincamos na rua. Nós nos mudamos de novo, dessa vez para um lugar igualmente modesto, na Saint Paul Avenue. Um dia, quando a minha mãe sai para nos buscar na escola, alguém arromba a porta, rouba tudo que consegue carregar e deixa uma faca em cima do teclado do nosso computador. Em meio a tudo isso, voltamos para a escola. É o meu primeiro ano do ensino fundamental. Estamos na metade do ano, a pior época possível para uma transferência, mesmo que eu *não fosse* uma criança tímida e que a minha família *não fosse* mal-afamada.

Na minha primeira manhã na Al-Ghazaly, eu me aproximo cautelosamente das portas da sala de aula.

Elas são abobadadas e enormes — eu me sinto como se estivesse entrando na boca de uma baleia. A sala está ruidosa, num frenesi de atividade. No instante em que entro, porém, todas as cabeças se viram na minha direção. Todo mundo para de fazer o que está fazendo. Todos ficam em silêncio por dois segundos. *Um. Dois.* Logo depois todas as crianças se põem de pé de um salto. Arrastam para trás as cadeiras, que rangem contra o chão, e se precipitam na minha direção. Tudo acontece tão rápido que não consigo decifrar a energia. É hostilidade? Euforia? Fiz alguma coisa imperdoável, ou um golaço capaz de decidir a vitória do meu time? Agora as crianças estão berrando, uma mais alto que a outra. Todas fazendo a mesma pergunta. "O seu pai matou o rabino Kahane?" Parecia que todas querem que eu diga que sim, e que eu as decepcionaria se dissesse que não. A professora está tentando chegar até mim, tirando as crianças do caminho e pedindo insistentemente: "Sentem-se, sentem-se, sentem-se". No meu acanhamento, tudo que consigo pensar em fazer — mais de duas décadas depois ainda estremeço com essa lembrança — é encolher os ombros e sorrir.

• • •

Naqueles primeiros meses de inverno de 1991, a imprensa e boa parte do mundo consideram Baba um monstro, e a minha mãe ouve boatos de que a Liga de Defesa Judaica declarou sua própria espécie de fátua: "Matem os filhos de Nosair". Todavia, para muitos muçulmanos o meu pai é um herói e um mártir. Kahane, de acordo com esse argumento, era um fanático intolerante, que propunha a violência e a vingança, um extremista condenado por muita gente de sua própria religião. Ele se referia aos árabes como cães. Queria que Israel os varresse da face da Terra — usando a força, se necessário. Assim, enquanto meu pai é demonizado em muitos círculos, famílias muçulmanas nos agradecem na rua e, do mundo inteiro, nos enviam doações. Graças a essas doações a minha família tem condições de comer, e é por causa delas que eu e meus irmãos podemos ter as únicas extravagâncias da nossa infância. Certa noite, a minha mãe nos entrega um catálogo da loja Sears e diz que podemos escolher o que bem quiséssemos. Seleciono todos os produtos das tartarugas ninjas à venda na loja. Depois, na Al-Ghazaly, descubro que o pai de um dos meus colegas de classe está tão feliz pelo assassinato de Kahane que, toda vez que me vê, me dá uma cédula de 100 dólares. Eu faço de tudo para dar de cara com ele. Compro meu primeiro Game Boy com esse dinheiro. O mundo pode até estar me mandando mensagens confusas e contraditórias, mas um Game Boy é um Game Boy.

Um advogado ativista chamado Michael Tarif Warren vinha representando meu pai. Quando o lendário defensor dos direitos civis e imperturbável radical William Kunstler inesperadamente oferece seus serviços, Warren graciosamente aceita a ajuda. Kunstler tem um rosto comprido e pesaroso, óculos empoleirados sobre a testa e uma desgrenhada cabeleira grisalha. É um sujeito animado e afetuoso conosco, e acredita que o meu pai tem direito a um julgamento justo. De vez em quando Kunstler e sua equipe se instalam em nosso apartamento e, junto com a minha mãe, elaboram estratégias até altas horas da noite. Em outras ocasiões, nós o visitamos em seu escritório no Greenwich Village. Sobre sua escrivaninha, há uma estatueta do *Davi* de Michelangelo. Toda vez que estamos lá, em sinal de respeito por minha irmã e minha mãe, ele tira a gravata e a pendura no pescoço do homenzinho, para cobrir suas partes íntimas.

Kunstler espera convencer o júri de que Kahane foi assassinado por gente ligada ao próprio rabino, por conta de uma discussão motivada por dinheiro, gente que depois incriminou meu pai. A minha mãe acredita na história — seu marido garantiu que era inocente, e devia haver *alguma* explicação para o assassinato —, e todos nós somos arrebatados pela causa do meu pai. Oficialmente um montante de 163.000 dólares é doado para a defesa de Baba. Ammu Ibrahim entra em contato com Osama bin Laden, que contribui com 20.000 dólares.

Visitamos meu pai na Rikers com frequência. Eu o vejo tantas vezes usando o uniforme da cadeia que isso acaba colorindo as minhas lembranças anteriores dele. Mais de duas décadas depois, ainda tenho uma imagem mental da minha família ao redor da mesa de jantar em Cliffside Park, um ano ou mais antes da prisão do meu pai. Eu o imagino conversando animadamente conosco, passando um prato de carneiro — e usando um macacão laranja.

6 21 de dezembro de 1991
Suprema Corte de Nova York, Manhattan

Os apoiadores do meu pai sentam-se de um dos lados da sala do tribunal, os de Kahane, do outro, como numa cerimônia de casamento. As facções já haviam partido para a violência e se engalfinhado na calçada durante o julgamento, por isso hoje há 35 policiais no tribunal. É sábado. O júri vem deliberando faz quatro dias. Os jurados ouviram a promotoria alegar que El-Sayyid Nosair era um homem movido pelo ódio, que agia por conta própria. Os jurados viram o procurador-chefe erguer no ar a Magnum .357, encarar meu pai e depois se virar para eles e dizer:

— Esta arma tirou uma vida, feriu outras duas pessoas e assustou um punhado de gente. Com seu veredicto, digam a ele: "Aqui não, Nosair, aqui não".

Os jurados também ouviram a equipe de Kunstler argumentar que Kahane foi assassinado por inimigos de seu próprio grupo, e que os matadores incriminaram meu pai colocando a arma do crime perto dele no momento em que estava caído e sangrando em plena Lexington Avenue. Reiteradas vezes os advogados lembraram aos membros do júri que, em função do pandemônio no Marriott, nenhuma testemunha se lembrava de ter visto meu pai atirar em Kahane.

Quando o júri volta com seu veredicto, é fim de tarde e estamos em casa, em Jersey City. O telefone toca. A minha mãe atende. É a mulher do tio Ibrahim, Amina. Ela está berrando tão alto que até eu consigo ouvi-la.

— Ele é inocente! Ele é inocente!

A sala do tribunal entra em erupção depois da leitura do veredicto. Há brados de fúria de um lado e gritos de alívio do outro. São como duas tempestades opostas. Quanto ao juiz, está horrorizado. Estarrecido, ele diz que a decisão é "desprovida de bom senso e lógica". Depois, como se temesse não ter sido suficientemente claro, acrescenta:

— A meu ver, o réu levou a cabo uma violação deste país, da nossa Constituição e das nossas leis, e das pessoas que buscam coexistir pacificamente.

O júri *considerou* meu pai culpado de crimes menores: as acusações de posse criminosa de arma, de agressão (ao agente de segurança do correio e ao senhor idoso), coerção (no sequestro do táxi). O juiz o condena à sentença máxima permitida pela lei, de sete a 22 anos de prisão. Mas a sala do tribunal ainda está em ebulição, mesmo depois que os jurados saem de cena. Um dos asseclas de Kahane aponta para a banca dos jurados e berra:

— Esse não foi um júri dos nossos pares!

Outros começam a entoar:

— Morte a Nosair! Morte a Nosair! Os cães árabes hão de morrer!

• • •

O fato de meu pai ter sido considerado inocente da acusação de assassinato dá à minha família tanta esperança que isso acaba nos machucando. Os advogados dele prometem recorrer das condenações. Agora estou com 8 anos de idade, convencido de que Baba vai entrar pela porta a qualquer momento, e de que nós retomaremos a nossa vida. Mas os dias vão passando, ele não entra, e vou me retraindo cada vez mais.

Um ano depois do julgamento, as doações para a minha família foram minguando, agora chegam de conta-gotas, e está difícil sobreviver. Os amigos do meu pai ainda são leais conosco (um entregador chamado Mohammed Salameh promete que vai se casar com a minha irmã assim que ela chegar à maioridade), mas são ainda mais leais à *jihad* (Salameh será sentenciado a 240 anos de prisão por sua participação no ataque ao World Trade Center, antes mesmo de a minha irmã entrar na adolescência). A minha família se muda constantemente de um lugar para outro entre Nova Jersey e Pensilvânia, em geral porque há ameaças de morte. Quando terminar o ensino médio, terei me mudado de endereço vinte vezes.

Moramos sempre em bairros perigosos, sem outra família muçulmana por perto. Na escola, levo socos e chutes porque sou diferente, gorducho e não converso muito. A minha mãe é insultada na rua — é chamada de *fantasma* e *ninja* — por causa do lenço e do véu que ela usa. E nada tem permanência. Alguém sempre descobre quem somos. A notícia se espalha, e ficam sabendo que somos *aqueles* Nosair. O medo e a humilhação retornam, e nós nos mudamos de novo.

Em meio a tudo isso, há um vazio infinito pela *falta do meu pai*. A ausência dele vai ficando cada vez maior até não sobrar espaço no meu cérebro para nenhuma outra coisa. Ele não está aqui para jogar futebol comigo. Não está aqui para me ensinar a lidar com as humilhações e enfrentar os valentões da escola. Não está aqui para proteger a minha mãe das pessoas na rua. Ele está na Prisão Estadual de Attica —, e só vai sair de lá quando eu tiver 15 anos, talvez só quando eu completar 29 (faço as contas de cabeça o tempo todo). Digo a mim mesmo que não posso mais contar com ele. Mas toda vez que o visitamos, a esperança retorna. Ver a família reunida novamente me fez pensar que tudo parece possível, mesmo quando não é.

• • •

Quando eu tinha 9 anos, em certo final de semana a minha mãe nos leva de carro para visitar meu pai. Atravessamos todo o estado de Nova York até Attica, que fica na borda do estado, quase no Canadá. O carro é um modelo *station wagon*, uma velha perua com falsos painéis de madeira nas laterais. A minha mãe rebaixou os bancos traseiros para que a gente pudesse dormir ou brincar, ou rolar de um lado para o outro se quisesse. Desde o momento em que saímos de Nova Jersey, eu vinha fervilhando de energia nervosa. Este final de semana não vamos apenas visitar meu pai numa sala enorme e entediante onde não há outra coisa a fazer a não ser jogar xadrez chinês. Este final de semana vamos "morar" com o meu pai. A minha mãe tentara explicar como isso seria possível, mas eu ainda não conseguia entender. No caminho, paramos num supermercado para fazer compras — de algum jeito, eu não sabia como, ela ia cozinhar para todos nós —, e a minha mãe me deixa comprar uma caixa de biscoitos Entenmann's com gotinhas de chocolate, do tipo crocante. Quando voltamos para o carro, eu estava duas vezes mais empolgado do que antes, animadíssimo para ver Baba *e* comer os biscoitos. A minha mãe me olha pelo retrovisor e ri. Nos últimos tempos ela quase nunca me via alegre.

Attica é um lugar gigantesco e cinzento — parece o castelo de um rei deprimido. Passamos pela segurança. Os guardas inspecionam tudo, até mesmo os mantimentos, cujas embalagens precisam estar perfeitamente lacradas.

— Temos um problema aqui — disse um deles.

Ele mostra os biscoitos Entenmann's. Há alguma coisa errada com a caixa. Acontece que na janelinha de celofane da parte de cima da caixa existe um buraco, por isso eles não querem me deixar entrar com ela. Meus olhos começaram a arder com lágrimas. Eu sei que, no mesmo instante em que nos afastarmos, os guardas vão comer meus biscoitos. Os guardas *sabem* que não há nada de errado com eles.

A minha mãe pousa uma das mãos sobre o meu ombro.

— Adivinhe só — ela diz.

Se eu respondesse, a minha voz sairia embargada, e eu não quero passar vergonha na frente dos guardas, por isso eu simplesmente olho para a minha mãe, cheio de expectativa, até que ela se inclina e diz estas palavras maravilhosas na minha orelha:

— Comprei outra caixa.

Corro gramado afora na direção do meu pai. Ele abre um sorriso e, acenando, me instiga a correr mais rápido, mais rápido, mais rápido. Está de pé defronte a uma das casas brancas e suburbanas de um só andar que tinham sido construídas no interior dos muros de Attica para que os familiares dos detentos — como nós — pudessem passar o final de semana juntos. Há uma mesa de jantar, um par de balanços, uma churrasqueira. Chego ofegante ao meu pai. Jogo os braços em volta da cintura dele, e ele se curva para me levantar. Finge que eu já estava grande demais e que não consegue me erguer.

— *Ya Alá!* — ele geme. — Z deve ser abreviação de "Zenorme".

E cai de costas sobre a grama recém-cortada. Durante alguns momentos brincamos de luta-livre, depois meu irmão o chama dos balanços.

— Me empurra, Baba, me empurra!

O fim de semana é perfeito — até mesmo os momentos chatos são perfeitos, porque são *normais*. Jogamos futebol com a família da casa ao lado, comemos espaguete com almôndegas no jantar, e um prato de biscoitos como sobremesa. Depois meus pais dizem boa-noite e desaparecem quarto adentro. A minha irmã aconselha nosso irmão caçula a ir para a cama, mas ele diz que não está cansado, nem um pouquinho — e trinta segundos depois pega no sono num sofá de couro preto na sala de estar. Eu e a minha irmã aproveitamos o momento e assistimos a uma fita VHS do filme *Cujo* do acervo da biblioteca do presídio, que eu enfiei às escondidas dentro da nossa cesta. É sobre um adorável cão são-bernardo que é mordido por um morcego infectado com raiva e começa a enlouquecer em Connecticut. A minha irmã e eu assistimos ao filme abraçados e aconchegados. A nossa mãe também ia enlouquecer se soubesse o que estávamos vendo, o que aumenta a emoção.

Assim, por um final de semana nós somos de fato a família que Baba insiste que sempre seremos. Sim, o telefone toca toda noite às dezoito horas, e meu pai tem de declarar seu nome completo e seu número de identificação prisional, e algumas outras coisas para provar que não havia tentado fugir. Sim, há uma cerca encimada por arame farpado que se estende ao longo de todo o perímetro do nosso verde quintal suburbano. E, além disso, há um colossal muro cinza de 9 metros de altura. Mas nós cinco estamos juntos, e o mundo não parece uma ameaça. É como se o grande muro cinza nos estivesse protegendo — mantendo as outras pessoas fora, e não meu pai dentro.

Como sempre, há mais coisas do que sou capaz de compreender. Baba pode ser um meigo são-bernardo quando está com a gente, mas no mesmo instante em que vamos embora ele fica raivoso de novo. Quando nos empilhamos na perua para a infinita jornada de volta a Nova Jersey — aturdidos e felizes, e repletos daquela perigosa esperança —, meu pai retorna para sua cela e vocifera contra o juiz judeu que o condenou à cadeia e instrui visitantes da mesquita a assassiná-lo ("Por que eu deveria ser misericordioso com ele? Ele foi misericordioso comigo?") Como esse plano fracassa, ele volta suas atenções para um complô ainda mais abominável. Enquanto fantasio sobre sermos uma família de verdade, ele está fantasiando sobre derrubar as Torres Gêmeas.

7
26 de fevereiro de 1993
Jersey City, Nova Jersey

Estou prestes a completar 10 anos, e durante anos a fio venho sofrendo humilhações na escola. Não posso fingir que é apenas por causa de meu pai ser quem é. Por razões que provavelmente passarei a vida inteira tentando elucidar, pareço ser um ímã para atrair abusos e agressões. O último truque dos meus carrascos é esperarem até eu abrir meu armário no corredor e depois baterem com força na minha cabeça e saírem correndo. Toda vez que isso acontece, o diretor diz que quer ser "justo com todas as partes", por isso geralmente sou mandado para detenção punitiva juntamente com os valentões. A raiva e o pavor construíram um ninho permanente no meu estômago. Hoje é sexta-feira, e a minha mãe me deixou faltar na escola e ficar em casa para me recuperar do que concordamos em chamar de "inseto na barriga".

Eu me esparramo no sofá, assistindo na tevê ao filme *Um hóspede do barulho*, sobre uma família que esconde da polícia uma criatura como o Pé Grande, porque a polícia não é capaz de entender que se trata de um ser bondoso e gentil. No meio do filme, transmitem notícias de última hora. A minha mãe está no quarto dela, tentando escrever um romance histórico, por isso desta vez não está lá para desligar a tevê.

Houve uma explosão no estacionamento sob a Torre Norte do World Trade Center. O Departamento de Polícia de Nova York, o FBI e o ATF[1] estão no local, e a primeira teoria é que um transformador tenha explodido.

Bato na porta do quarto da minha mãe. Como ela não responde, abro uma pequena fresta. A minha mãe está sentada à escrivaninha, absorta na escrita de seu romance — sobre uma americana que vai para o Oriente Médio e vive algum tipo de aventura, isso é tudo que eu sei —, e digitando numa espécie de transe.

— É melhor a senhora sair — eu digo. — Tem alguma coisa acontecendo.

— Não posso — ela diz, sem levantar os olhos.

— Mas...

— Pare com isso, Z. A minha heroína foi surpreendida por uma tempestade de areia e o camelo dela empacou.

Então eu volto a me refestelar no sofá e durante horas a fio assisto ao desenrolar da história. Os destroços são horríveis. As pessoas estão cambaleando, cobertas de cinzas. O repórter está dizendo:

— Nunca vimos nada parecido com isto antes.

Às três da tarde a minha mãe sai do quarto dela, piscando à luz do sol como se estivesse saindo de uma caverna. Olha para a tevê e se detém abruptamente.

— Por que você não me *contou*? — ela pergunta.

---

1. Órgão federal de controle do Álcool, Tabaco, Armas de Fogo e Explosivos.

• • •

Centenas de agentes do FBI esquadrinham o entulho no local da explosão. Abandonam a teoria do transformador assim que descobrem vestígios do furgão Ryder que transportou os explosivos. O FBI rastreia o furgão e constata que está vinculado a Mohammed Salameh — o entregador que havia prometido se casar com a minha irmã assim que ela chegasse à maioridade —, que é preso no dia 4 de março, no momento em que retorna à locadora de veículos a fim de comunicar o roubo do furgão e exigir a devolução dos 400 dólares do depósito. Nos meses que se seguem, os Estados Unidos tremem diante do pensamento outrora incompreensível do terrorismo dentro de seu próprio território, bem como diante do fato de que as suas agências governamentais foram pegas desprevenidas. Muitos anos se passarão até que o último conspirador seja condenado, mas diariamente surgem detalhes alarmantes acerca do complô.

Um fato assustador vem à tona: meu pai ajudou a arquitetar a estratégia do ataque lá de sua cela em Attica, usando os visitantes como intermediários para se comunicar com seus compsarsas. Um desses compsarsas era seu velho mentor, o Xeque Cego, que ainda estava residindo — e emitindo fátuas — nos Estados Unidos, apesar de ser um notório terrorista. O Xeque Cego oferecia a seus seguidores "orientação espiritual". De acordo com o governo, ele incentivou não apenas o atentado contra o WTC, mas também deu o sinal verde para um plano que, caso fosse levado adiante, teria sido bem mais mortífero: cinco outras bombas seriam detonadas, num intervalo de dez minutos, nas Nações Unidas, nos túneis Lincoln e Holland, na Ponte George Washington e no edifício federal que servia como sede do FBI na cidade de Nova York.

Por razões práticas, entretanto, a operação WTC foi coordenada pelo kuwaitiano Ramzi Yousef. Formado em engenharia elétrica no País de Gales, ele havia estudado fabricação de bombas num campo de treinamento de terroristas no Paquistão. Entrou nos Estados Unidos com um passaporte iraquiano falso em 1992 e, depois de ser detido, pediu asilo político como cartada para sair da cadeia. Marcou-se uma data para a audiência. Uma vez que as celas de detenção estavam lotadas, Yousef foi liberado em Nova Jersey, sob o compromisso de comparecer ao tribunal na data marcada; imediatamente ele e seus cúmplices começaram a reunir os ingredientes para a montagem da bomba. Horas depois do ataque, Yousef deixou tranquilamente o país, sem ser incomodado. "Declaramos nossa responsabilidade pela explosão no mencionado edifício", declarou ele, em carta ao jornal *The New York Times*. "Essa ação foi empreendida em resposta ao apoio político, econômico e militar dos Estados Unidos a Israel, estado de terrorismo, e aos demais países ditatoriais da região".

As seis vítimas, é claro, não tinham ligação alguma com a política externa americana. Na verdade, o

atentado foi um ato de ódio destinado unicamente —
como todos os atos dessa natureza — a inspirar mais
ódio. Eu gostaria de poder fazer mais a fim de honrar a
memória dos inocentes, do que meramente repetir seus
nomes, mas me sentiria envergonhado se não fizesse
pelo menos isso. Todos eles morreram simplesmente
vivendo sua vida: Robert Kirkpatrick, Bill Macko e
Stephen Knapp eram supervisores da manutenção no
WTC. Estavam almoçando juntos quando a bomba
explodiu. Monica Rodriguez Smith era secretária. Estava
grávida de sete meses e fazendo trabalho de escritório
quando perdeu a vida. Wilfredo Mercado trabalhava no
restaurante Windows on the World. Estava verificando
os pedidos de entregas. E John DiGiovanni era um
representante comercial especializado em produtos
dentais — estava apenas estacionando seu carro.

No outono de 1995 o governo concluiu a tarefa de
traduzir o conteúdo completo das 47 caixas levadas da
nossa casa depois do assassinato de Kahane. Chegaram à
conclusão de que o crime tinha sido de fato parte de uma
conspiração, e — graças a alguma brecha na lei — o meu
pai foi levado a um segundo julgamento por assassinato,
bem como por sua participação no ataque a bomba ao
World Trade Center.

O meu pai ainda insiste que é inocente de
absolutamente tudo. Acredito nele — porque, afinal,
tenho 12 anos de idade. A minha mãe tem dúvidas. Agora
ela ouve uma nota amarga na voz dele ao telefone. Meu
pai esbraveja contra a intriga em relação a ele, contra

os inimigos de Alá, cujas mentiras são infinitas. Está fervilhando de ardis para obter a liberdade e vocifera ordens para a minha mãe: "Escreva para o juiz! Ligue para o Paquistão! Vá à embaixada egípcia! Está anotando isso tudo?" A minha mãe diz que sim, em voz baixa.

No dia 1º de outubro o meu pai, juntamente com o Xeque Cego e outras oito pessoas, é condenado em 48 das cinquenta acusações e sentenciado a uma pena de prisão perpétua mais quinze anos, sem possibilidade de condicional. O assassinato do bebê que Monica Rodriguez Smith gerava foi incluído na dosimetria.

Depois de uma nova rodada de condenações, vemos meu pai uma vez — no Centro Correcional Metropolitano de Nova York. A minha mãe está aterrorizada acerca do que acontecerá com ela e seus filhos. Estamos na penúria. Não temos como sobreviver — e nenhuma esperança de que um dia meu pai volte a ser um pai ou marido de verdade. Mesmo agora, meu pai não admite ter culpa nenhuma. Quando ele abraça e beija a minha mãe, ela se afasta e o rechaça pela primeira vez, tão enojada que pensa que vai vomitar. Durante muitos anos ela tentará nos consolar dizendo que tínhamos um pai que nos amava. Mas para sempre se lembrará da visita ao CCM como o dia em que seu próprio coração finalmente entregou os pontos. Meu pai é transferido para uma série de presídios de segurança máxima por todo o país. Não temos mais condições financeiras de visitá-lo, mesmo que queiramos. A minha mãe mal tem dinheiro para pagar as ligações a cobrar do meu pai. De qualquer maneira, eu nunca quero falar com ele. Qual é o sentido? Tudo que ele sempre quer saber é: "Você está fazendo suas orações? Está sendo bom para a sua mãe?" Tudo que eu quero perguntar é: "O senhor está sendo bom para a minha mãe, Baba? Sabia que ela não tem dinheiro nenhum e chora o tempo todo?" Mas é claro que eu sinto medo demais para dizer esse tipo de coisa. Então eu e o meu pai continuamos tendo as mesmas conversas inúteis e despropositadas, e eu enrolo em volta da mão o fio espiralado do telefone, apertando cada vez mais forte, porque só quero que tudo aquilo pare.

A minha mãe também quer que pare. Tudo que importa para ela agora são seus filhos.

Ela exige o divórcio, e nós todos mudamos de nome.

Seria a última vez que veríamos meu pai.

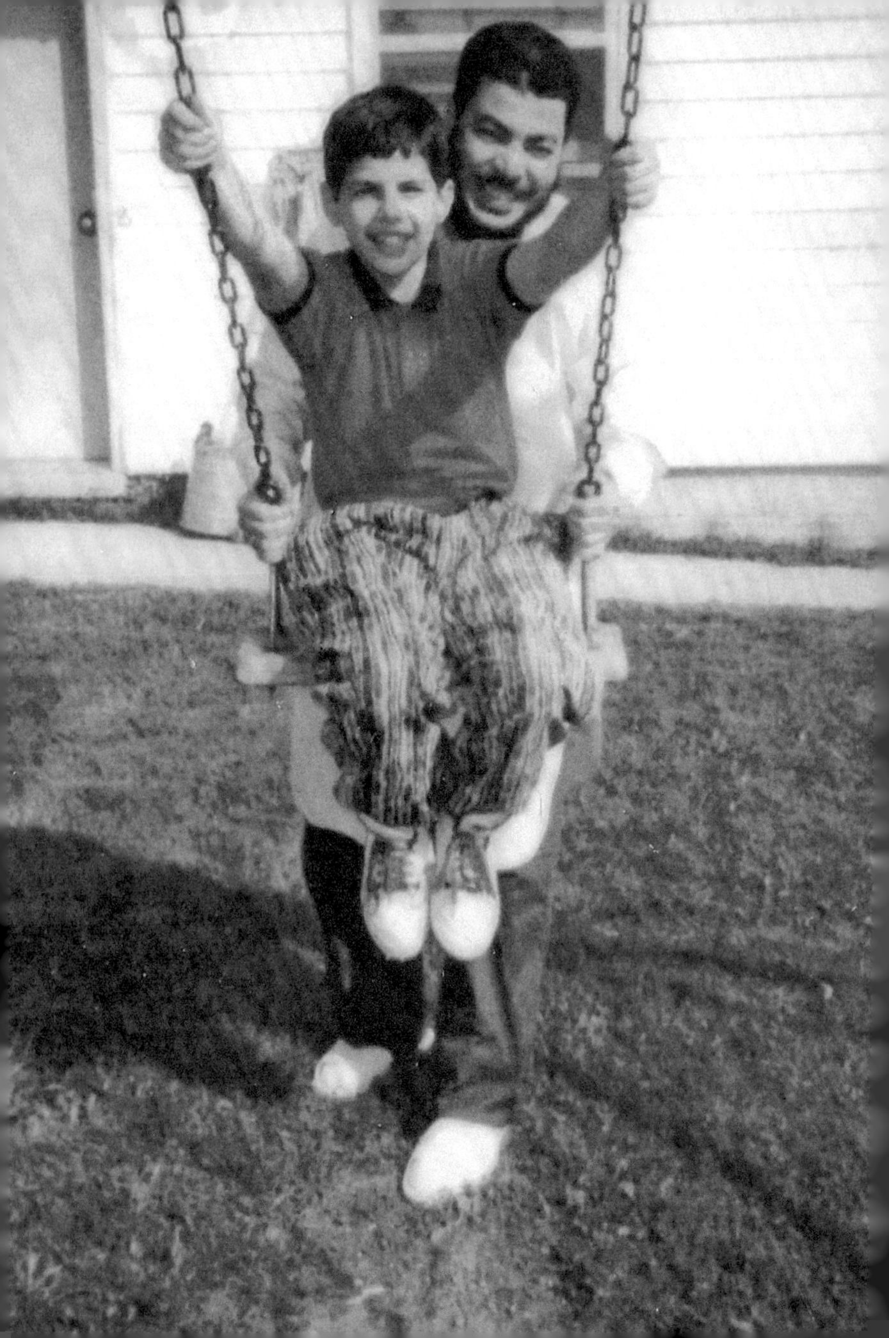

ACIMA Zak visitando seu pai na Penitenciária de Rikers Island, em 1991.

PÁGINA ANTERIOR Zak visitando seu pai na Prisão Estadual de Attica, em 1994. Ao fundo, a pequena casa onde a família passou o final de semana reunida.

8 Abril de 1996
Memphis, Tennessee

Estou livre da influência do meu pai, mas a minha educação na violência — sua devastação e seu despropósito — ainda não chegou ao fim, graças a uma nova e horrível escola e a um padrasto cruel prestes a surgir no horizonte. Não vou fingir que, aos 13 anos de idade, eu já tivesse interiorizado os ensinamentos de Martin Luther King Jr. — de que os meus inimigos também estão sofrendo, de que a retaliação é um beco sem saída e de que a dor pode nos redimir e nos transformar. Não, eu simplesmente odeio apanhar. Isso me deixa furioso e me enche de ódio, de desprezo por mim mesmo, e a cada vez eu revido. Mas toda experiência pela qual passo, tudo aquilo que sinto na pele contribui para que um dia eu finalmente compreenda que a não violência é a única resposta sensata e humana para o conflito, seja nos corredores de uma escola de ensino médio, seja no contexto global.

Chamarei a minha nova escola de Colégio de Ensino Fundamental e Médio Queensridge. Sou um dos poucos alunos "brancos" — durante a minha vida inteira fui considerado caucasiano pelas minorias, e os caucasianos sempre me consideraram membro de uma minoria — e não sou sulista, então os valentões têm muitos motivos para me espancar. Somente um dos professores tenta me proteger. Os demais apenas incentivam a intimidação e as agressões. Quando a minha mãe liga para a polícia depois de um ataque especialmente violento, os agentes se recusam até mesmo a registrar um boletim de ocorrência. A escola é um pesadelo. Há drogas circulando de mão em mão nos corredores. Há violentas disputas entre gangues. Um dia, durante a aula de estudos sociais, dois alunos começam a fazer sexo no fundo da classe quando a professora sai da sala.

Em meio a isso tudo, meu pai liga da prisão, e pela voz parece furioso e agitado. Desfia às pressas o seu rosário de perguntas habituais para mim, minha irmã e meu irmão, depois me pede para passar o telefone para a minha mãe. Eles não se falam desde o divórcio. Quando estendo o receptor, ela empalidece e recua. Fico sem saber o que fazer. Estampo no rosto uma expressão suplicante e sacudo o telefone: *Pegue. Por favor, apenas atenda*. Por fim, ela cede. Por mim.

Antes mesmo que a minha mãe tenha a chance de pronunciar uma palavra, meu pai dispara seu último estratagema para sair da prisão. Ele conta que um importante diplomata paquistanês visitaria Washington, D.C. Ela deveria entrar em contato com o homem, tentar convencê-lo a *trocá-lo* por um prisioneiro israelense.

— Uma troca de prisioneiros... é a única esperança — diz meu pai. — Você tem que fazer isso e *não pode fracassar* como já fracassou antes.

Minha mãe fica em silêncio.

— *Sayyid* — diz ela por fim. — Não sou mais sua mulher... e com certeza não sou sua secretária.

Ao longo dos quarenta minutos seguintes permaneço sentado à mesa da cozinha, perplexo, enquanto a minha mãe diz para o meu pai que ele destruiu a nossa vida, que, ao que tudo indicava, ele está *ficando doido*, e que nunca mais quer ouvir a voz dele. Ela não diz que suspeita que meu pai seja culpado de todas as acusações que foram feitas contra ele — talvez porque sabia que eu estava ouvindo. Em todo caso, agora meu pai está fervilhando de raiva e diz algo que acaba com qualquer dúvida com relação à sua culpa.

— Eu fiz o que tinha de fazer, e você sabe disso muito bem.

• • •

No fim das contas, a minha mãe não me conta diretamente que o meu pai *é* de fato um assassino, mas suspeito que ele seja, porque vou ficando mais e mais furioso com ele a cada semana que passa. Depois da morte de Kahane, eu me consolei com o fato de que o meu pai tinha sido inocentado da acusação de homicídio e de que, no pior dos cenários, voltaria para nós como um homem livre em 2012. Contudo, ao conspirar o atentado a bomba no World Trade Center, ele não apenas participa de um ato hediondo, mas também define que jamais voltaríamos a ser uma família. "Prisão perpétua mais quinze anos sem direito a liberdade condicional." O meu pai nunca mais jogaria futebol comigo. E ele próprio escolheu esse destino. Preferiu o terrorismo em detrimento da paternidade, e o ódio em vez do amor. Sem mencionar o fato de que agora a nossa família está mais mal-afamada do que nunca — o ataque ao WTC poluiu as opiniões dos Estados Unidos acerca de *todos* os muçulmanos. Quando estamos no nosso carro e outros motoristas percebem o lenço e o véu da minha mãe, mostram o dedo médio para ela, ou jogam o carro para cima de nós, tentando nos tirar da rua. Quando vamos fazer compras, as pessoas recuam assim que a avistam. As pessoas berram para a minha mãe, quase sempre em inglês trôpego e com falso sotaque: "Volte para o seu país". E todas as vezes eu sinto vergonha — não por ser muçulmano, mas porque não consigo criar coragem de berrar de volta: "Ela nasceu em Pittsburgh, idiota!"

Agora eu estou na adolescência, e antes mesmo do atentado a bomba ao WTC a minha autoestima já estava baixa. As humilhações na escola não têm fim, meu estômago dói o tempo todo, e à noite eu bato a cabeça contra a parede do meu quarto pelas mesmas razões que as meninas da minha idade se cortam. Eu penso como seria tranquilo e sereno estar morto, e agora surge uma nova e terrível constatação: entre mim e o terrorismo, meu pai preferiu o terrorismo.

• • •

Não muito tempo depois do telefonema do meu pai, a minha mãe desenvolve uma tosse pavorosa, com estertores vindos dos pulmões, que se transforma em bronquite. Ela fica doente por tanto tempo — e tão emocionalmente arrasada —, que certa noite eu a entreouço orando para Alá e pedindo orientação. Duas semanas depois, o céu parecia ter começado a desanuviar. A mulher do nosso xeque liga e anuncia que sua família tem um amigo na cidade de Nova York à procura de uma mulher. Por causa de tudo que está prestes a acontecer, mudarei o nome do homem e o chamarei de Ahmed Sufyan.

Ahmed nasceu no Egito, como meu pai. Trabalha numa loja de eletrônicos, e é boxeador amador — magro e esbelto, de braços fortes e musculosos. Como a minha mãe, tem três filhos. E diz que *também* estava escapando de um casamento pavoroso: segundo seu relato, antes de conhecê-lo, sua ex-mulher era uma prostituta, e ele se viu forçado a se divorciar dela quando a flagrou na casa do antigo cafetão, com um cachimbo de *crack* na mão e o filho mais novo nos braços. Minha mãe e Ahmed passam duas semanas se conhecendo por telefone. Ele lhe diz que considera meu pai um servo heroico de Alá, e que sempre tivera a esperança de conhecer a minha família e nos ajudar da maneira que pudesse. A minha mãe o convida para ir até Memphis, para que possam se conhecer pessoalmente e conversar cara a cara.

Na noite em que Ahmed chega, a minha mãe faz frango assado, arroz e salada para o jantar. Eu estou tão faminto por um pai que me sinto pronto para amá-lo antes mesmo que ele se sente. Ele parece ser um bom muçulmano — nos conclama a orarmos antes de comer —, e, uma vez que é boxeador, já começo a imaginar aulas de fim de noite nas quais ele me ensina a revidar na escola. Eu nunca tinha tido muita sorte com a esperança antes. Mas todos nós merecemos um capítulo feliz, a minha mãe mais que qualquer um. Meus olhos enchem-se de lágrimas quando aquele homem que conheceu a minha mãe há apenas três horas olha ao redor da mesa e diz algo que *deveria* ter parecido agourento:

— Não se preocupem, crianças. Seu pai está aqui agora.

No final do verão, nós nos mudamos de novo, de volta para Nova Jersey, e conhecemos os filhos de Ahmed. Depois que nossos pais se casam, a Família Dó-Ré-Mi muçulmana inteira divide um quarto de hotel de beira de estrada em Newark, enquanto Ahmed junta dinheiro suficiente para alugar um apartamento. Eu estou tentando me dar bem com a família dele, mas é difícil. Por fim, um dos filhos de Ahmed e eu temos uma briga por conta do que assistir na tevê. Ahmed toma o partido do filho. Eu já tinha apanhado antes — de vez em quando meu pai me dava umas chineladas —, mas nunca por alguém que gostava disso, e nunca com uma fivela de cinto.

• • •

No fim, fica claro que Ahmed é um arremedo de muçulmano, um péssimo exemplo. Não, ele não bebe e tampouco come carne de porco, mas também não jejua nem faz suas orações, e muito menos invoca o islã, a menos que haja alguém que ele quer impressionar ou controlar ou odiar. É um homem mesquinho, paranoico e vingativo. Nos próprios filhos ele confia cegamente — em especial no filho que não se cansa de mentir para ele —, mas em relação a nós ele vive à espreita, desesperado para nos flagrar fazendo algo errado.

Encontramos um lugar para morar em Elizabeth, Nova Jersey, um pequeno apartamento em um sótão, onde vivemos sem muita mobília. O comportamento de Ahmed se torna cada vez mais bizarro. Ele finge sair para trabalhar, mas em vez disso fica plantado durante horas a fio na frente do nosso prédio, nos espiando através das janelas. Toda manhã ele me obriga a ir a pé para a escola; enquanto eu caminho quilômetros, ele me segue de carro, na surdina. Praticamente não há dinheiro para comida, mas Ahmed leva os filhos dele para comer pizza e não traz nada para nós. Num certo final de semana, eu e meu irmão vamos parar no pronto-socorro, porque estamos desnutridos. O médico fica tão furioso que já está prestes a ligar para o Conselho Tutelar, e só não faz isso porque a minha mãe — ela própria também doente, padecendo de desnutrição — implora para ele pousar o telefone no gancho. O episódio não abala Ahmed. Ele me acha nojento, porque eu sou gorducho. Passa um período de duas semanas me chamando de *vaca* em árabe.

Ahmed pune meu irmão e a mim por toda e qualquer infração, real ou imaginária. Ele usa os punhos, o cinto, um cabide. Por lutar boxe e frequentar obsessivamente a academia de musculação, os castigos que nos aplica são surras furiosas, verdadeiros espancamentos, e eu posso ver que ele testa diferentes combinações de golpes. A manobra favorita de Ahmed, porém, é um bizarro tipo de esquiva: primeiro ele se lança correndo desde o outro lado do quarto na minha direção, com o rosto encolerizado. Depois, quando uso as mãos para cobrir meu rosto, ele dá um salto no ar e pisa com toda a força no meu pé desguarnecido.

A minha mãe olha pela janela quando não suporta mais assistir a esse tipo de cena. Ahmed é tão agressivo com a minha mãe que ela nem sequer consegue pensar direito. Ele a convence de que nossa família tinha se tornado moralmente corrompida desde que meu pai foi para a cadeia, e que somente ele é capaz de nos redimir. Certo dia, quando ela tenta intervir em minha defesa, ele a golpeia na cabeça com um vaso.

Ahmed não é um assassino como meu pai, mas, entre as quatro paredes do apartamento — entre as pessoas que ele alega amar —, é um terrorista sem tirar nem pôr.

• • •

Quando completo 14 anos, começo a roubar dinheiro dele. No começo são apenas alguns trocados, depois notas de 5 e 10 dólares que eu encontro debaixo do colchão enquanto arrumo a cama. Geralmente eu pego o dinheiro porque nunca temos comida em casa, e há uma loja Dunkin' Donuts no caminho para a escola. Às vezes, eu quero apenas comprar um CD da banda The Roots, como todo mundo. Eu me espanto com o fato de que Ahmed jamais desconfia de que eu roubo dele. Aos poucos, vou ficando cada vez mais ousado.

Acontece que Ahmed, no fim ficou claro, sabe muito bem que eu venho roubando. Ele está apenas esperando o momento certo para atacar feito uma ave de rapina.

Certa manhã, eu embolso uma cédula de 20 dólares que acho debaixo do colchão e compro uma caneta *laser* muito legal. Nessa noite, Ahmed finalmente me encurrala no meu quarto e me acareia.

Confesso. Peço desculpas. Abro a gaveta da minha cômoda, onde eu venho escondendo o dinheiro. Ahmed tem o hábito de vasculhar nossos pertences, por isso eu havia desatarraxado a parte de baixo do frasco do desodorante e lá enfiado as notas.

Ahmed dá um passo adiante na minha direção. O meu quarto é tão minúsculo que mal há espaço para nós dois. A proximidade dele é aterrorizante, mas Ahmed ainda não encostou um dedo em mim. A bem da verdade, quando me vê desenroscar o desodorante e retirar o dinheiro, meneia a cabeça, como se estivesse impressionado.

— Sorrateiro — ele diz.

Não acho que esteja furioso, pois parece *contentíssimo*, o que é estranho, até eu entender por quê.

Nessa noite, Ahmed me leva para a suíte principal e me espanca e me interroga sobre os furtos, da meia--noite até a manhã do dia seguinte. Ele me pergunta se eu o considero estúpido demais. Ele me pergunta se eu esqueci quem era o dono da casa onde eu morava — se eu realmente imaginava, no meu cérebro insignificante de vaca, que naquela casa acontecia alguma coisa de que ele não soubesse, *antes mesmo de acontecer*. Ele me manda tirar a camisa e fazer cem flexões de braço. Enquanto eu pelejo para dar conta da incumbência, ele me dá pontapés no estômago e nas costelas. Mais tarde, golpeia tantas vezes a minha mão com um cabide que, durante semanas, fico com cortes e cicatrizes no formato preciso do gancho do cabide — é como ter um ponto de interrogação na mão.

Enquanto isso, a minha mãe fica o tempo todo deitada no sofá na sala de estar, chorando aos soluços. Ela vai até a porta do quarto somente uma vez, e, antes mesmo de ter a chance de começar a implorar a Ahmed que pare, ele berra com ela:

— Nosair ficaria *enojado* pela maneira como você cria seus filhos! Você tem sorte de eu estar aqui para corrigir os seus erros!

Eu mesmo tivera alguma experiência em ser o valentão que humilhava os outros. Quando eu tinha 11 anos, entrou um menino novo na escola. Era asiático, e uma vez que eu não tinha coisa alguma em que me fiar além de estereótipos, supunha que todos os asiáticos conheciam artes marciais. Achei que seria incrível e bem ao estilo das tartarugas ninja praticar um pouco de caratê, por isso eu passava o dia inteiro instigando-o a lutar comigo. Acontece que aquele menino asiático em particular *sabia* artes marciais: ele fingiu que ia me acertar um soco no rosto e, quando me esquivei, me chutou a cabeça. Fugi correndo da escola aos prantos, mas fui impedido de sair pelo guarda de trânsito, que me encaminhou para a enfermaria, onde me deram pasta de amendoim e sanduíche de gelatina congelados para colocar no olho.

No fim das contas, foi uma experiência humilhante. Por isso, somente depois de ser espancado por Ahmed por roubar é que volto a me arriscar como praticante de brincadeiras do tipo. Um dia estou andando pelo corredor da escola e topo com um punhado de meninos mais novos brincando de passar de mão em mão a mochila de um garoto. O menino está chorando. Agarro a mochila e, dando uma de jogador de basquete, arremesso-a e cravo-a como uma cesta dentro da lixeira. Por um momento, a sensação é gratificante. Não há como negar que sinto um jorro de adrenalina por estar do outro lado da equação. Mas depois que vejo no olhar do pobre e atormentado menino uma expressão que reconheço de forma tão visceral — um misto de perplexidade e medo —, tiro a mochila da lixeira e a devolvo para o garoto. Ninguém nunca se sentou para conversar comigo e me ensinar o que é empatia e compaixão, ou por que isso é mais importante do que o poder ou o patriotismo, ou a fé religiosa. Mas aprendi isso bem no meio do corredor: eu não posso fazer o que fizeram comigo.

9 Dezembro de 1998
Alexandria, Egito

Estou com 15 anos quando Ahmed encosta a mão em mim pela última vez. Nós nos mudamos para o Egito porque é mais barato viver e porque meu padrasto tem familiares que podem ajudar a minha mãe a cuidar das crianças. Somos seis morando num apartamento de dois quartos, em um enorme prédio de concreto, num bairro chamado Smouha. O lugar vive imundo e está em péssimo estado de conservação. E agora, que é inverno, também faz um frio de rachar, porque o concreto não retém o calor. Ainda assim, há um *shopping center* nas redondezas e um supermercado em construção. Não é o pior lugar do mundo em que já moramos.

Num sábado, eu e um amigo da vizinhança estamos de bobeira na rua, brandindo gravetos num falso duelo de espadas, quando o filho de Ahmed e um punhado de outros meninos vêm correndo porque acham que a gente estava brigando para valer. Alguns dos meninos começam a jogar pedras em nós. Não com força, verdade seja dita — estão apenas brincando. Mas vão ficando cada vez mais agressivos, por isso berro:

— Parem!

Eu sou o mais velho de todos, e o maior. Todo mundo para. Menos o filho de Ahmed. Ele tem *mais uma* pedra para arremessar — e acerta em cheio o meu rosto. A pedra quebra meus óculos e corta meu nariz. Todo mundo entra em pânico e se dispersa.

Em casa, a minha mãe pergunta o que aconteceu.

— Antes de lhe contar — digo —, a senhora tem de *jurar* que não vai contar ao Ahmed.

Eu sei que de jeito nenhum Ahmed vai acreditar mais em mim do que no filho dele, e que o segundo prêmio será uma surra. A minha mãe promete não dizer uma única palavra. Por isso conto tudo para ela; à guisa de castigo, ela manda o filho de Ahmed para o quarto. Fico em êxtase. É uma pequenina dose de justiça depois de dois anos e meio de maus-tratos. Nessa noite, deitado na cama, ouço Ahmed chegar da *masjid*. Ouço o tilintar do vidro quando ele deixa cair as chaves dentro de uma tigela sobre seu criado-mudo. Escuto o ruído dos cabides enquanto ele pendura a camisa e a calça. Ouço-o fazer sua rotina noturna de flexões de braço — acompanhadas de uma série de resmungos desnecessariamente barulhentos. E depois ouço a minha mãe fazer uma coisa que despedaça meu coração: ela conta tudo para ele.

Ahmed me convoca ao quarto do casal. Não diz uma palavra sobre o que o filho dele fez, embora possa ver os meus óculos ridiculamente remendados com fita adesiva e que há sangue ressecado sobre a parte de cima do meu nariz. O que ele diz é:

— Por que você estava brincando com aqueles gravetos?

E essa pergunta me faz simplesmente explodir.
Não com Ahmed, mas com a minha mãe.
— Está vendo? — berro na direção dela. — É exatamente por isso que eu não queria que a senhora contasse para ele! Porque ele vai botar a culpa em mim — como sempre faz. — Paro por um segundo. Estou cheio de indignação, e sinto a necessidade de dizer mais uma coisa. — Porque ele é um *babaca*!

Ergo o aquecedor portátil do chão e o arremesso contra a parede. O fio solta algumas centelhas quando é arrancado da tomada, e as barras do aparelho produzem uma sonora *chicotada*.

Saio do quarto deles e desço até a cozinha, chorando e gritando. Perco o controle de tal forma que até eu mesmo fico assustado. Esmurro a porta da cozinha inúmeras vezes e depois ouço Ahmed caminhando a passos duros corredor afora atrás de mim. Eu sei o que está por vir. No momento em que ele entra na cozinha, desabo no chão e me enrodilho, e ele começa a me golpear com os punhos. Vou simplesmente aguentar os murros, como sempre faço.

De repente, a minha mãe entra no cômodo. Aos berros, manda Ahmed parar. Ele fica tão chocado de vê-la sair em minha defesa que ela consegue rechaçá-lo. Ela afaga meus cabelos, e nós três ficamos lá parados na cozinha, ofegantes.

A minha mãe sussurra:
— Eu sinto muito, Z.
Ahmed mal pode acreditar no que está ouvindo.

— Ah, ela sente muito! — ele diz, enojado. — Estou apenas fazendo o que Nosair faria... o que você é fraca demais para fazer por conta própria!

As minhas mãos estão sobre os joelhos — estou com a roupa de dormir, uma comprida túnica chamada *jalabiyah* — e estou tentando recobrar o fôlego quando Ahmed me criva de murros de novo. Dá um golpe de baixo para cima, treinado e aperfeiçoado na academia. A minha mãe entra no meio. Mas Ahmed simplesmente não para. Ele distribui jabes diretos e rápidos à esquerda e à direita da cabeça dela. Ele não dá a mínima se os golpes acertam a minha mãe, o que me deixa enfurecido, então faço algo que deixa Ahmed, a minha mãe e *eu mesmo* assombrados: revido dando um soco nele.

É um contra-ataque desgovernado. Eu nem sequer o acerto. Contudo, durante meio segundo os olhos de Ahmed ficam arregalados de medo. Ele sai da cozinha a passadas largas, e nunca mais voltará a me tocar. É uma vitória, mas de vida curta. Ele simplesmente começa a espancar meu irmão mais novo com vigor ainda maior.

• • •

Depois do Ano-Novo, aceito uma ligação a cobrar do meu pai, que agora está num "supermax" — abreviação de presídio de segurança máxima — na Califórnia. A essa altura eu raramente falo com ele, e pela sua voz posso ver que está surpreso quando atendo. Isso me lembra de quando a minha mãe o repreendeu severamente no telefone, e eu quero a minha própria catarse. Quero dizer quanto a nossa vida se tornou uma porcaria desde que ele decidira que a morte de outras pessoas era mais importante do que a vida de sua própria mulher e filhos. Quero berrar no telefone. Quero perder o controle com ele uma única vez, porque ele deveria saber o preço que estamos pagando por seus crimes. De qualquer maneira, eu nunca mais o veria. Ele está na cadeia. Pelo resto da vida. Ele não tem mais controle sobre mim. Não pode me machucar — e certamente não pode me ajudar.

Mas, como sempre, não consigo extravasar a minha raiva. Simplesmente choro e soluço no telefone. Meu pai finge não perceber. E me pergunta, do mesmo jeito frio e insípido, se eu estou fazendo as minhas orações e sendo bom para a minha mãe.

10 Julho de 1999
Filadélfia, Pensilvânia

Quando completo 16 anos, eu já havia passado um bocado de tempo me escondendo atrás do sobrenome Ebrahim. Era como um manto da invisibilidade, e pelo menos recentemente funciona. Nenhum dos meus novos amigos sabe que eu sou Nosair de nascimento. A experiência da minha família no Egito naufragou. Voltamos para os Estados Unidos — e não sei se é porque me afastei de vez do meu pai, ou se porque não vivo mais sob o medo da violência do meu padrasto —, começo a me sentir animado e esperançoso pela primeira vez desde o dia em que a minha mãe me acordou para contar que tinha acontecido um "acidente". Decido dar um salto no escuro, um voto de confiança, e contar aos meus dois melhores amigos quem eu sou de fato. Conto que sou filho de El-Sayyid Nosair.

A primeira pessoa a quem confesso é meu amigo Orlando. Estamos numa excursão da escola, um "estudo do meio", sentados num banco no pátio de um museu. O nome Nosair não significa coisa alguma para ele, por isso respiro fundo e explico. Conto que meu pai assassinou um rabino chamado Meir Kahane e ajudou a orquestrar o ataque ao World Trade Center. Orlando parece incrédulo. Fica tão chocado com o horror da coisa toda que só o que consegue fazer é rir. Gargalha com tanta vontade que cai do banco. Não me julga.

A segunda pessoa a quem revelo é o meu amigo Suboh. Trabalhamos juntos num supermercado num bairro barra-pesada, e, como ele já tem idade suficiente para ter carteira de habilitação, me deixa de carro em casa depois que encerramos o expediente. Suboh é palestino. Conhece o nome El-Sayyid Nosair e as coisas sombrias que ele representa. Eu lhe digo que Orlando é a única outra pessoa do mundo para quem eu contei sobre o meu pai — ou a quem eu planejava contar. Estamos sentados dentro do carro de Suboh, defronte à minha casa. Ele me encara e meneia a cabeça. Fico com medo de sua reação. As janelas do carro tremem com estrépito a cada caminhão que passa. Quando ele finalmente abre a boca para falar, na verdade me repreende, embora não do jeito que eu temia:

— Você contou para o Orlando antes de contar *para mim*?

Senti uma onda de alívio. Se os meus amigos não me culpam pelos pecados do meu pai, então talvez, aos poucos, eu possa parar de culpar a mim mesmo. Eu tenho a sensação de que vinha carregando um fardo enorme e pesado, que finalmente começo a tirar de cima dos ombros.

• • •

Em 2001, fazemos as malas e nos mudamos mais uma vez. A minha irmã se casa e vai morar com o marido. O restante de nós ruma para Tampa, Flórida, onde Ahmed acha que teremos chances de encontrar trabalho. Sim, Ahmed ainda está por perto — ele é como bolor nas paredes, do qual jamais conseguíamos nos livrar. Mas está ficando cada vez mais claro que, assim como meu pai, ele não é capaz de me dizer o que pensar. Seu reinado de terror está ficando patético, e chega ao fim no dia em que ele insiste que eu e meu irmão arranjemos empregos de verão.

Estamos empolgadíssimos com a ideia de ter algum dinheiro, mesmo que Ahmed fosse confiscar metade para ajudar a pagar as contas. É temporada de contratação no Busch Gardens, por isso vamos para o parque temático, onde preenchemos formulários e nos sentamos para fazer entrevistas, juntamente com uma multidão de outros adolescentes queimados de sol. Não temos a menor expectativa. Milagrosamente, ambos somos contratados. Ganho a vaga de guia do Retiro dos Rinocerontes, o que é mais do que sensacional: "Mergulhe no mais profundo coração da África! No nosso passeio guiado, você sentirá na pele toda a emoção de um safári e ficará frente a frente com alguns dos animais mais majestosos do planeta. Venha! Mire na aventura!" Meu irmão vai trabalhar nas Corredeiras do Rio Congo, que, ele insiste, são ainda mais do que sensacionais: "Prepare-se para a mais selvagem descida de rio de todos os tempos!

Assim que você subir a bordo da gigantesca jangada do Busch Gardens, enfrentará perigosas correntezas, passará sob violentas cachoeiras e investigará as mais estranhas cavernas aquáticas. O que está esperando? Venha se molhar!"

Alguns adolescentes podem até bocejar diante da perspectiva de trabalhar num parque temático, mas meu irmão e eu estamos exultantes. Somos dois idiotas tagarelando e trocando cumprimentos com as palmas das mãos estendidas no ar, vestindo nossas camisetas do time de hóquei no gelo Pittsburgh Penguins. Em Tampa o sol brilha, há água por toda parte, sal no ar. O mundo está finalmente se abrindo para nós. Durante anos a fio vínhamos fugindo do legado do nosso pai, párias, aterrorizados. Durante anos a fio Ahmed nos espancava e nos *vigiava* de uma maneira tão assustadora que jamais nos sentimos a salvo. Mas agora meu irmão e eu conduziremos safáris e descidas de rio. Iremos para um lugar onde Ahmed não poderá nos seguir. A única maneira de entrar no Busch Gardens é trabalhando lá ou comprando um ingresso. Se ele quiser nos espionar, isso lhe custará 50 pratas.

E foi assim que finalmente, finalmente, finalmente tenho a chance de descobrir a vida nos meus próprios termos: meu pai continua trancafiado atrás das grades, e meu padrasto, embora do lado de fora, está longe de mim.

• • •

Então eu completo 18 anos, e ao longo do verão em Tampa todos os ritos de passagem adolescentes desfilam diante de mim. Vou a festas pela primeira vez. Fico bêbado pela primeira vez. Finjo que saí para comprar refrigerante e *na verdade* fumo um cigarro no estacionamento da loja de conveniência 7-Eleven. Compro um carro. *Um carro*. O símbolo fundamental da liberdade. Quer dizer, é um carro horrível, uma lata-velha medonha — um Ford Taurus capenga repleto de adesivos e decalques que teimam em não sair. Mesmo assim, eu o idolatro tanto que toda noite me deito na cama pensando nele, como se fosse a minha namorada ou coisa do tipo. Verdade seja dita, os meus experimentos como menino marrento e machão são todos tímidos e efêmeros. A minha verdadeira rebelião é estar começando a questionar tudo que meu pai representa e defende. A partir do momento em que visto meu uniforme do safári do Retiro dos Rinocerontes, conheço turistas e colegas de trabalho de todo tipo, o que é tão libertador que mal consigo descrever em palavras a sensação. Eu estou pegando cada uma das mentiras fundamentalistas que eu já havia ouvido sobre as pessoas — sobre nações, guerras e religiões — e vendo-as sob uma nova luz.

Quando eu era criança, jamais questionava o que ouvia na escola ou na mesquita. O fanatismo e a intolerância simplesmente se infiltravam no meu sistema junto com tudo mais: "Alexander Graham Bell inventou o telefone. Pi (π) = 3,14. Todos os judeus são maus, e o homossexualismo é uma abominação. Paris é a capital da França". Tudo isso me pareciam fatos. Quem era eu para diferenciar uma coisa da outra? Fui criado para temer as pessoas que eram diferentes de mim e me manter longe delas o máximo possível, em nome da minha própria "proteção". A intolerância é um círculo enlouquecedoramente perfeito — para começo de conversa, nunca cheguei suficientemente perto delas para saber se tinha motivos para temê-las.

Uma vez que o meu pai era obcecado pelo Oriente Médio, eu era constantemente lembrado de que os judeus eram vilões, e fim de papo. E os *gays*? Quando eu tinha 15 anos, três homens afegãos foram condenados por sodomia, e o Talibã decretou que os enterraria sob uma pilha de pedras e usaria um tanque para derrubar um muro em cima deles. A versão de misericórdia do Talibã era a seguinte: se depois de trinta minutos os homens ainda estivessem vivos, suas vidas seriam poupadas.

Esse era o tipo de dogma que vinha sendo introduzido sub-repticiamente no meu cérebro desde que nasci, e que estava apenas sendo reforçado pelos traços de antissemitismo e homofobia presentes na cultura americana. Nos últimos tempos, porém, surgira uma voz nova e improvável que estilhaçava as mentiras: Jon Stewart.

Sempre adorei o programa *The Daily Show* com Craig Kilborn, e quando anunciaram que Stewart assumiria o comando do programa, fiquei indignado como somente um adolescente pode ficar: "Quem é esse cara? Tragam Kilborn de volta!" Entretanto, em Tampa eu assisto obsessivamente ao programa de Stewart, e insisto que a minha mãe se sente ao meu lado no sofá. O humor de Stewart é como uma droga de entrada. Ele faz parecer legal pesquisar, investigar, questionar e se importar — com o movimento pacifista, com os direitos dos homossexuais, com relação a tudo. O homem *odeia* dogmas. Na minha vida eu havia engolido tanta suposta sabedoria que Stewart foi uma revelação. Francamente, ele é o mais próximo de uma figura paterna inteligente, sensata e benevolente que conheço. Eu fico acordado até tarde da noite esperando que ele decifre o mundo para mim, e ele ajuda a consertar a fiação defeituosa no meu cérebro. Parece muito adequado que o meu novo exemplo de vida seja judeu.

• • •

O Rali dos Rinocerontes é fenomenal, uma diversão total. Acontece que, enterrado bem lá no fundo das minhas dúvidas e inseguranças, eu tenho um quê de ator canastrão. Isso fica claro quando eu ajeito o microfone e os fones de ouvido e me sento atrás do volante do Land Rover. Todos os guias seguem o mesmo roteiro básico, mas podemos improvisar o quanto queremos, desde que ninguém quebre um braço ou registre uma reclamação. Para cada passeio eu escolho um "navegador" para se sentar ao meu lado. Se alguém quer *desesperadamente* fazer esse papel — sempre há uma criança cuja mão se ergue no ar antes mesmo de eu terminar de explicar a tarefa —, eu jamais a escolho. Eu quero uma pessoa simpática e nem tão convencida e que pareça capaz de aguentar um pouco de brincadeiras provocativas. Jamais me ocorre levar em conta para que Deus elas rezavam — ainda que, para ser honesto, se usassem uma camiseta do time Philadelphia Flyers, podiam esquecer. Não sou perfeito.

Num dia de agosto, embarco dezoito turistas no Rover e anuncio que infelizmente o meu navegador habitual foi devorado por um crocodilo ("Inclusive pode ser que vejamos pedaços dele no lago daqui a pouco"), e pergunto se há algum voluntário. As mãos de sempre começam a acenar. Todo mundo começa a fuçar em suas bolsas e mochilas a fim de evitar contato visual. Um homem de cinquenta e poucos anos, um pai de família ligeiramente rechonchudo e usando pochete, enrubesce a olhos vistos. Então dou um passo adiante, ofereço a ele o microfone com os fones de ouvido e lhe digo:

— Por favor?

O pavor passa roçando pelo rosto dele, mas seus filhos começam a entoar:

— Vai lá, Abba! Vai lá! — e eu sei que o conquistei. Ele pega o microfone e os fones de ouvido, o que o grupo de turistas aprova com urros de entusiasmo, e isso faz o homem corar com intensidade ainda maior. Assim que o atarracado sujeito se instala no assento do navegador, faço algumas perguntas, para o deleite da pequena multidão.

—Olá, senhor. Qual é o seu nome?
—Tomer.
—Excelente. Pode me chamar de Z. De onde o senhor é?
—Israel.
—Muito bem. Diga-me, sr. Tomer, tem alguma experiência em enxotar leões, fazer talas e cuidar de ferimentos nas pernas, ou cozinhar sopa de casca de árvore?
—Não, na verdade não.
—Nenhuma?
—Hã, nunca tive a oportunidade.
—Tudo bem, tomara que a gente consiga dar um jeito nisso. Mas vamos atravessar uma ponte bem precária, sem firmeza nenhuma, em perigo de desmoronar. Quanto tempo o senhor consegue prender a respiração debaixo d'água?
—Eu não sei nadar.
—Estranho. Essas foram exatamente as últimas palavras do rapaz que trabalhava como meu navegador.
—Sério?
—Não, na verdade as últimas palavras dele foram: "Me ajude, Z! Por que você está indo embora com o carro?" Mas deu para o senhor entender a ideia. Sr. Tomer, não quero ser rude, mas o senhor não me parece qualificado para ser um navegador. Estou até meio surpreso que tenha se oferecido como voluntário.
—O meu relógio tem bússola.
—Sabe de uma coisa? Para mim isso já está mais do que bom. Uma salva de palmas para o sr. Tomer, pessoal!

O grupo caiu na gargalhada e bateu palmas, os filhos de Tomer com mais vontade que todo mundo, e lá fomos nós.

• • •

Uma versão dessa cena acontece todo dia no Rali dos Rinocerontes, em que todo tipo imaginável de pessoa se senta no assento do navegador. É incrível quanto se pode aprender sobre uma pessoa depois de sobreviver com ela a uma floresta tropical *e* a uma savana, quando a ponte que vocês estão atravessando se abre de repente e seu veículo cai rio adentro e flutua sobre uma jangada feita de miraculosos botes salva-vidas. A enxurrada de pessoas, pessoas e mais pessoas na minha vida é inebriante. Eu caminho pelo Busch Gardens com a cabeça literalmente mais erguida, porque conheço pessoas que *não são como eu*. Tive provas irrefutáveis de que o meu pai tinha me criado à base de mentiras. A intolerância é uma estupidez. Só funciona se você jamais sair de casa rua afora.

Durante meus intervalos do Rali dos Rinocerontes, começo a passar o tempo no Agito Marroquino, o show de rock do Oriente Médio do Busch Gardens. (Sempre adorei a ideia de estar em cima do palco. Certa vez, no ensino médio, consegui um papel numa montagem teatral de *Bye Bye Birdie*, mas Ahmed não me autorizou a encenar.) O fato é que vou tantas vezes ver o show que faço amizade com um trompetista muçulmano chamado Yamin. Por meio dele conheço dois dançarinos, Marc e Sean, que são homossexuais. No começo, fico pouco à vontade quando estou perto deles. Não tenho experiência com *gays*, e, sinto vergonha de admitir, tenho preconceito. Por causa do que me ensinaram, é como se sobre a cabeça deles pairasse uma placa luminosa com os dizeres MÁ INFLUÊNCIA, MÁ INFLUÊNCIA, piscando sem parar. Talvez eles não percebam que eu fico distante e retraído. Talvez tenham pena de mim por minha estreiteza mental. Ou talvez estejam apenas me dando um desconto por ser amigo de Yamin. De qualquer maneira, sempre são sinceros comigo, nunca demonstram preconceito nem emitem juízos de valor. Eles me deixam tagarelar sobre o Rali dos Rinocerontes e não riem quando confesso que adoro cantar às escondidas, e ainda tentam (sem sucesso) me ensinar alguns passos de dança. Sua pura simpatia e completa bondade me deixam desarmado. Eu tinha sofrido humilhações e maus-tratos por tanto tempo que viro um ardoroso fã da gentileza e da benevolência.

    Foi mais ou menos nesse período que, certa noite, volto para casa vestindo o uniforme do Rali dos Rinocerontes e digo para a minha mãe que, apesar de todas as proclamações do meu pai e de Ahmed, eu tentaria confiar no mundo. A minha mãe jamais fez comentários maldosos ou pejorativos sobre as pessoas, embora ao longo dos anos tenha sido submetida a mais dogmas do que eu senti na pele. É neste momento que ela diz as sete palavras em torno das quais vou erigir o resto da minha vida:

— Estou tão cansada de odiar as pessoas.

• • •

Depois, de repente, espantosamente, estamos livres de Ahmed. Até a minha mãe se liberta dele. Não o deixa num rompante de fúria — não lhe diz que ele era um ser humano detestável e que não há paraíso muçulmano nenhum à espera dele. Está exausta, abatida e derrotada demais para isso. Ainda assim, o mero fato de deixá-lo figura como um triunfo no meu livro. Ela faz as malas e volta para Pittsburgh a fim de cuidar de sua mãe, que havia sofrido uma série de aneurismas cerebrais.

Encontrei a minha avó poucas vezes na vida, porque ela havia ficado horrorizada com a conversão da minha mãe ao islã. Aparentemente estava falando sério quando disse que a minha mãe não seria bem-vinda em sua casa usando *um maldito lenço* na cabeça. Para a minha mãe, porém, o amor e a lealdade transcendem tudo. E no fim das contas, em meio ao declínio da saúde da minha avó, uma coisa estranha e fortuita aconteceu. Se alguém precisa de uma prova de que a intolerância não passa de um truque da mente, aqui está: por causa dos seus derrames, a minha avó esqueceu, por completo e num instante, que odiava a religião da minha mãe e que abominava a minha mãe por tê-la escolhido.

E o preconceito não foi o único hábito pernicioso que o cérebro da minha avó abandonou: ela esqueceu também que tinha fumado durante cinquenta anos.

• • •

Antes que o verão chegue ao fim, eu e alguns dos meus amigos do Busch Gardens nos reunimos num demorado almoço e depois vamos conferir uma montanha-russa chamada Montu. O nome do brinquedo é uma referência ao antigo deus da guerra egípcio, metade homem, metade falcão. A montanha-russa fica numa parte do parque chamada Egito, o que mexe com o meu senso de humor. Ela se ergue como um monstro marinho por cima de palmeiras e lojas temáticas do Oriente Médio, e falsas ruínas de areia cobertas de escritos em árabe (as inscrições em árabe me fazem morrer de rir: são um punhado de algaravias sem sentido). Meus novos amigos e eu entramos no carrinho. Ninguém consegue calar a boca. Estão discutindo qual é a coisa mais legal da Montu: são as *sete inversões totalmente intensas*? É o insano *giro em gravidade zero*? O absurdo giro da *manobra Immelmann*? Eles não chegam a um consenso, e querem que eu dê o voto de Minerva, mas eu não faço ideia do que estão falando, porque há mais uma coisa com a qual jamais tive contato na nossa bolha islâmica — montanhas-russas de verdade! —, e estou morrendo de medo.

Somos rebocados lentamente até a primeira elevação e, depois, soltos no que parece ser uma queda livre.

Durante um longo minuto, nem sequer consigo abrir os olhos. Quando os abro, vejo o rosto dos meus amigos. Estão radiantes de felicidade. Contemplo o Egito. A planície do Serengueti. O estacionamento. Depois somos arremessados dentro do giro de gravidade zero a 96 quilômetros por hora, e há três perguntas sibilando na minha mente: 1) meus tênis vão sair dos pés?, 2) se eu vomitar, o vômito vai para cima ou para baixo?, 3) por que, em vez de ficarem me dizendo quem eu deveria odiar, ninguém reservou alguns segundos para mencionar — ainda que de passagem — que as montanhas-russas são *a coisa mais legal do mundo?*

A minha mente volta num lampejo para a minha lembrança mais antiga: eu e meu pai girando nas gigantescas xícaras de chá do Parque de Diversões Kennywood, na Pensilvânia. Eu tinha apenas 3 anos de idade naquela época, por isso lembro somente de clarões de luz e explosões de cor. Entretanto, há um momento que me volta por completo — meu pai de pé na xícara de chá bradando uma conhecida oração: "Ó Alá, me proteja e me leve ao meu destino!"

Meu pai se perdeu em seu caminho — mas isso não me impediu de encontrar o meu.

11 Epílogo

Escrevi tanta coisa sobre preconceito neste livro porque transformar uma pessoa em um fanático intolerante é o primeiro passo para transformá-la num terrorista. Basta encontrar uma pessoa vulnerável — alguém que perdeu a confiança, a fonte de renda, o orgulho, a capacidade de agir. Alguém que se sente humilhado pela vida. E depois isolar essa pessoa. Enchê-la de medo e fúria, e fazer com que ela passe a considerar todo mundo que for diferente dela um alvo sem rosto — uma silhueta num campo de tiro como Calverton — e não um ser humano. Entretanto, mesmo as pessoas que desde o berço foram educadas na base do ódio, pessoas cuja mente foi deformada e municiada, podem escolher o que querem ser. E podem ser extraordinários defensores da paz, precisamente porque viram em primeira mão e sentiram na pele os efeitos da violência, discriminação e exclusão social. Pessoas que foram vitimizadas são capazes de compreender, de maneira mais profunda do que qualquer outra, quanto o mundo *não* precisa de mais vítimas.

Sei que por conta da pobreza sistêmica, do fanatismo e da educação deficitária, em algumas partes do mundo o tipo de transformação que estou descrevendo é improvável e tem remotíssimas chances de sucesso. Sei também que nem todo mundo tem a fibra moral de um Gandhi, um Nelson Mandela ou um Martin Luther King Jr. — eu certamente não tenho —, e que nem todo mundo é capaz de converter sofrimento em determinação. Mas estou convencido de que a empatia é mais poderosa que o ódio, e que deveríamos devotar a nossa vida a disseminar a compaixão como um vírus.

Empatia, paz, não violência — podem parecer ferramentas estranhas e excêntricas no mundo de terror que meu pai ajudou a criar. Mas, como muita gente já escreveu, usar a não violência para resolver conflitos não significa ser passivo. Não significa optar pela vitimização, tampouco deixar que os agressores cometam excessos de violência. Não significa nem mesmo desistir da luta, não exatamente. Significa humanizar seus oponentes, reconhecer as necessidades e os temores que a gente compartilha com eles, e trabalhar em nome da reconciliação e não da vingança. Quanto mais tempo me debruço sobre a famosa citação de Gandhi, mais adoro constatar o quanto ela é profunda e categórica: "Há inúmeras causas pela quais estou disposto a morrer, mas nenhuma pela qual estou disposto a matar". A escalada da violência não pode ser a nossa única resposta para a agressão, não importa o quanto tenhamos sido programados para revidar e revidar com mais veemência. O falecido historiador da contracultura Theodore Roszak definiu a questão nos seguintes termos: "As pessoas tentam pôr em prática a não violência por uma semana e, caso não funcione, voltam a usar a violência, que não tem funcionado há séculos".

• • •

Parei de atender aos telefonemas do meu pai quando tinha 18 anos. De vez em quando eu recebia um e-mail que ele me enviava do presídio em Illinois dizendo que gostaria de iniciar uma correspondência. Mas constatei que nem mesmo isso levaria a lugar algum — pelo menos não a um bom lugar. O meu pai vivia eternamente recorrendo das condenações — julgava que o Estado havia violado seus direitos civis durante a investigação —, por isso uma vez mandei um e-mail perguntando sem rodeios se ele tinha matado o rabino Kahane e se havia participado do planejamento do atentado a bomba contra o World Trade Center em 1993. Eu disse: "Sou seu filho e preciso ouvir do senhor". Ele me respondeu com uma metáfora afetada e indecifrável que tinha mais guinadas e reviravoltas do que a montanha-russa do Busch Gardens. E que fez com que ele parecesse desesperado e sôfrego. Para não dizer culpado.

O assassinato de Kahane não foi apenas um ato odioso, mas um retumbante fracasso, que não logrou coisa alguma e nunca passou de um mero homicídio como outro qualquer. Meu pai pretendia calar o rabino e trazer glória para Alá. O que ele conseguiu *efetivamente* foi trazer vergonha para todos os muçulmanos e colocá-los sob suspeição, e inspirar mais atos de violência covardes e despropositados. Na véspera do Ano-Novo em 2000, o filho caçula e a cunhada do rabino foram mortos — e cinco dos seus seis filhos, feridos —, quando assassinos de aluguel palestinos dispararam metralhadoras contra o carro em que seguiam para casa. Outra família destruída pelo ódio. Adoeci de tristeza quando li a notícia.

Fiquei ainda mais doente em 11 de setembro. Sentado na nossa sala de estar em Tampa, assisti às imagens e me obriguei a absorver o incomensurável horror do ataque — e pelejei contra a arrasadora sensação de que, de alguma forma, eu era cúmplice por laço de sangue. Claro que a minha dor era insignificante comparada à dor das verdadeiras vítimas e suas famílias. Meu coração ainda dói por elas.

Um dos muitos pontos positivos de não falar mais com meu pai foi que nunca tive de ouvi-lo pontificar sobre os eventos que ocorreram em 11 de setembro. Ele deve ter considerado a destruição das Torres Gêmeas uma grande vitória para o islã — talvez até mesmo a culminação da obra que ele, o Xeque Cego e Ramzi Yousef iniciaram anos antes com o furgão Ryder amarelo.

Não sei se faz alguma diferença — e não sei ao certo o que *faz* diferença a essa altura —, mas meu pai agora alega apoiar uma solução pacífica no Oriente Médio. Ele também afirma abominar o assassinato de inocentes e exorta os jihadistas a *pensar nas famílias deles*. Ele disse tudo isso numa entrevista ao jornal *Los Angeles Times*, em 2013. Espero que essa mudança de opinião e atitude seja genuína, embora tenha vindo tarde demais para os inocentes que foram assassinados e para a minha família, que foi dilacerada. Já não finjo mais saber em que meu pai acredita. Sei apenas que passei anos demais me importando com isso.

Quanto a mim, deixei de ser muçulmano e não acredito mais em Deus. Despedacei o coração da minha mãe quando contei a ela, o que, por sua vez, partiu o meu coração. O que dá sustentação ao mundo da minha mãe é a sua fé em Alá. O que define o meu mundo é o amor pela minha família e meus amigos, a convicção moral de que todos nós devemos ser melhores uns para os outros e para as gerações que virão depois de nós, e o desejo de desfazer pelo menos em parte o estrago que o meu pai fez, do jeito que eu puder, qualquer que seja e por mais ínfimo que seja. Restou um vestígio da minha própria educação religiosa. Toda vez que leio na internet acerca de um novo ato maléfico, instintivamente alimento a esperança de que não seja obra de muçulmanos — os muitos seguidores pacíficos do islã já pagaram um preço alto demais pelas ações da ala fundamentalista. De resto, coloco as pessoas antes dos deuses. Respeito os crentes de todos os tipos de credo e trabalho para fomentar o diálogo entre as religiões, mas ao longo da minha vida inteira vi a religião sendo usada como arma, e estou depondo todas as armas.

• • •

Em abril de 2012, tive a experiência surreal de dar uma palestra para algumas centenas de agentes federais na sede do FBI, na Filadélfia. O birô queria estreitar os laços com a comunidade muçulmana, e o agente encarregado dessa campanha de aproximação tinha me ouvido defender a paz na escola de seu filho, por isso lá estava eu — sentindo-me honrado, mas nervoso. Era uma plateia amedrontadora. Comecei com uma piada ("Não estou acostumado a ver tantos de vocês — geralmente lido com dois por vez"), o que foi recebido com um silêncio embaraçado e depois uma boa gargalhada, pela qual serei eternamente grato. Segui em frente e passei a contar a minha história, e me ofereci como prova de que é possível fechar os ouvidos para o ódio e a violência, e simplesmente escolher a paz.

Depois da minha fala, perguntei se alguém tinha alguma pergunta, e ninguém se manifestou. Isso me pareceu estranho e incomum, mas talvez os agentes do FBI estivessem nervosos demais para levantar a mão. De qualquer forma eu disse: "Muito obrigado por me receberem", e a plateia aplaudiu e começou a se dispersar. E foi então que aconteceu uma coisa encantadora, e que desde então guardo sempre comigo. Um punhado de agentes formou fila para apertar a minha mão.

Os dois primeiros agentes me ofereceram palavras gentis e firmes apertos de mãos. O terceiro, uma mulher, parecia ter chorado um bocado.

— Você provavelmente não se lembra de mim — e nem tem motivos para se lembrar — ela disse. — Mas fui um dos agentes que trabalharam no caso do seu pai. — Ela fez uma

pausa desajeitada, o que me fez sentir empatia por ela.
— Eu sempre me perguntei o que teria acontecido com os filhos de El-Sayyid Nosair — ela continuou. — Temia que vocês tivessem seguido o caminho dele.

Tenho orgulho do caminho que escolhi. E acredito que falo por meu irmão e minha irmã quando digo que rejeitar o extremismo do nosso pai salvou a nossa vida e fez com que ela fosse digna de ser vivida.

Para responder à pergunta da agente, eis o que aconteceu com os filhos de El-Sayyid Nosair.

Nós não somos mais os filhos dele.

AGRADECIMENTOS

Para a minha melhor amiga, Sharon. Palavras não são capazes de expressar adequadamente tudo que você me deu. Você tem sido meu tudo. Dizer "este livro não teria sido possível sem você" é um eufemismo. Obrigado, amigona.

Meu obrigado a Robin e Warren, nossos dinâmicos "padrinho e madrinha", que nos propiciaram uma maravilhosa orientação com sua absurda riqueza de conhecimentos.

Para a minha mãe, que insuflou em mim um amor pela leitura de que me beneficio todo dia. Não sei como a senhora nos ajudou a superar tudo isso. Para a minha adorável irmã, por estar sempre ao meu lado. Para o meu irmão: o laço que criamos desde que éramos pequenos estará comigo para sempre. Você é a pessoa mais legal que eu conheço.

Obrigado Frank, Vera e Frankie.

Obrigado aos meus queridos amigos de Pittsburgh — Holly e Doug, Mike e Chad, Mark e Tracy, Mike e Betsy, Jeff, Kate, Kaitlin e Alisa, Knut, Cathy e Colin, e Mike e Jules, por seu extraordinário apoio e por me fazerem perceber o quanto a minha família é realmente grande. Dá-lhe, Steelers!

Obrigado aos meus amigos da Filadélfia — Jasmine e os mais antigos, Orlando, Jose e Suboh. Bill e Cathy por me darem apoio, agente especial JJ, Alexander e Fin (embora sejam torcedores dos Flyers), JDKC, Laura V, Marilyn e Elaine, rabino Mike, Alex, rabino Elliott S., Dave, pastor Scott H., Brian, Lisa, Pod, DC Jenny, Colleen e Michael, Bob, Heather e Bill, e a Charlie, que sempre disse que eu precisava proferir uma palestra do TED.

Eu gostaria de expressar a minha gratidão a todos os que me apoiaram ao longo da minha jornada: Emily, Sarah, Martina, Jesse, Kathleen, Barbara, Danielle, Marianne, Masa, Todd, Mary Lowell, Michael, Troy e Abed, e às muitas pessoas não mencionadas que me deram força e coragem ao longo do caminho.

Um enorme obrigado a Jeff Giles. Foi um prazer trabalhar com você, e sou muito grato por sua engenhosa ajuda para dar aos meus pensamentos um formato coerente. Eu gostaria de expressar a minha especial gratidão a Michelle Quint por sua energia positiva e *expertise* editorial. Meu mais profundo agradecimento e estima a Deron, Alex, June, Ellyn e todo mundo do TED por acreditarem em minha mensagem. Meu reconhecimento a Carla Sacks por seu aconselhamento. Por fim, sou grato a Chris Anderson por acreditar que eu não desmoronaria sob a pressão de abrir para Bill Gates e Sting.

Obrigado a todos vocês.

SOBRE OS AUTORES

ZAK EBRAHIM nasceu em Pittsburgh, Pensilvânia, em 24 de março de 1983, filho de um engenheiro industrial egípcio e uma professora primária americana. Quando Ebrahim tinha 7 anos, seu pai matou a tiros o fundador da Liga de Defesa Judaica, o rabino Meir Kahane. Mesmo atrás das grades, o pai de Ebrahim, El-Sayyid Nosair, foi um dos conspiradores responsáveis por planejar o atentado a bomba ao World Trade Center em 1993. Ebrahim passou o resto da vida mudando de cidade em cidade, escondendo sua identidade dos que sabiam sobre seu pai. Hoje em dia dedica a vida a falar em alto e bom som contra o terrorismo e a disseminar sua mensagem de paz e não violência. Em 2013, participou da busca de talentos do TED na cidade de Nova York, e foi selecionado para discursar na Conferência Principal do TED do ano seguinte. Sua palestra no TED foi a inspiração para este livro.

Uma parte do valor que o autor recebeu para escrever este livro foi doada para a Tuesday's Children, organização sem fins lucrativos que ajuda comunidades afetadas pelo terrorismo ao redor do mundo.

Saiba mais sobre a Tuesday's Children em: www.tuesdayschildren.org

JEFF GILES é um jornalista e romancista de Nova York. Já escreveu para as revistas *The New York Times Book Review*, *Rolling Stone* e *Newsweek* e foi editor-chefe da *Entertainment Weekly*. Seu primeiro romance para jovens adultos será publicado pela Bloomsbury em 2016.

ASSISTA À CONFERÊNCIA DE ZAK EBRAHIM NO TED

Zak Ebrahim, autor de *O filho do terrorista*, falou na conferência TED de 2014. Sua palestra de nove minutos, disponível gratuitamente no *site* ted.com, serviu como fonte de inspiração para este livro.

go.ted.com/ebrahim

PALESTRAS RELACIONADAS NO TED.COM

Scilla Elworthy: *Lutando sem violência*
go.ted.com/scilla_elworthy
Nesta sábia e profunda palestra, a ativista da paz Scilla Elworthy mapeia as habilidades de que necessitamos – como países e indivíduos – para lutarmos contra forças poderosas sem usar a violência.

Aicha el-Wafi & Phyllis Rodriguez: *As mães que construíram perdão e amizade*
go.ted.com/two_mothers
Duas mães criam um poderoso laço de amizade a partir de uma perda inimaginável. O filho de uma foi morto no atentado ao World Trade Center em 11 de setembro de 2001; o filho da outra foi condenado à prisão perpétua por ter participado dos ataques.

Shaka Senghor: *Por que nossos piores atos não nos definem*
go.ted.com/shaka_senghor
Em 1991, Shaka Senghor matou um homem a tiros e foi condenado por homícidio doloso. Esse poderia ser o fim de sua história, mas, pelo contrário, foi o início de uma jornada rumo à redenção.

Maz Jobrani: *Você ouviu aquela sobre o iraniano-americano?*
go.ted.com/maz_jobrani
Um dos membros fundadores do Axis of Evil Comedy Tour, o comediante de *stand-up* Maz Jobrani fala sobre os desafios e conflitos de ser iraniano--americano.

SOBRE OS TED BOOKS

Os TED Books são pequenas obras sobre grandes ideias. São breves o bastante para serem lidos de uma só vez, mas longos o suficiente para aprofundar um assunto. A série, muito diversificada, cobre da arquitetura aos negócios, das viagens espaciais ao amor, e é perfeita para quem tem uma mente curiosa e vontade de aprender cada vez mais.

Cada título do TED Books corresponde a uma palestra TED, disponível no *site* TED.com. Os livros continuam a partir de onde a palestra acaba. Um discurso de 18 minutos pode plantar uma semente ou gerar uma fagulha na imaginação, mas muitas criam o desejo de se aprofundar, conhecer mais, ouvir a versão mais longa da história. Os TED Books foram criados para atender a essa necessidade.

SOBRE O TED

O TED é uma entidade sem fins lucrativos que se destina a divulgar ideias, em geral por meio de inspiradoras palestras de curta duração (dezoito minutos ou menos), mas também na forma de livros, animações, programas de rádio e eventos. Tudo começou em 1984 com uma conferência que reuniu os conceitos de Tecnologia, Entretenimento e Design, e hoje abrange quase todos os assuntos, da ciência aos negócios e às questões globais em mais de cem idiomas.

O TED é uma comunidade global, acolhendo pessoas de todas as disciplinas e culturas que busquem uma compreensão mais aprofundada do mundo. Acreditamos veementemente no poder das ideias para mudar atitudes, vidas e, por fim, nosso futuro. No *site* TED.com, estamos constituindo um centro de acesso gratuito ao conhecimento dos mais originais pensadores do mundo – e uma comunidade de pessoas curiosas que querem não só entrar em contato com as ideias, mas também umas com as outras. Nossa grande conferência anual congrega líderes intelectuais de todos os campos de atividade a trocarem ideias. O programa TEDx possibilita que comunidades do mundo inteiro sediem seus próprios eventos locais, independentes, o ano todo. E nosso Projeto de Tradução Aberta (Open Translation Project) vem assegurar que essas ideias atravessem fronteiras.

Na realidade, tudo o que fazemos – da TED Radio Hour aos diversos projetos suscitados pelo Prêmio TED (TED Prize), dos eventos TEDx à série pedagógica TED-Ed – é direcionado a um único objetivo: qual a melhor maneira de difundir grandes ideias?

O TED pertence a uma fundação apartidária e sem fins lucrativos.